高磐磐　Panpan Gao

A FEAST OF THE FUTURE

未来之宴

一场惊心动魄的美食之旅

AN EXCITING GASTRONOMIC JOURNEY THANT CHANGES MY VIEW OF FOOD

壹嘉出版　1 Plus Books

旧金山　San Francisco　2022

壹嘉出版
1 Plus Books
http://1plusbooks.com

Author/作者：Panpan Gao /高磐磐
Title/书名： A Feast of the Future /未来之宴
Subtitle/副书名: An Exciting Gastronomic Journey that Changes My View about Food/ 一场惊心动魄的美食之旅
Copyright © 2022 by Panpan Gao/高磐磐

2022 1 Plus Books® 壹嘉出版® Paperback Edition
Published and Printed in the United States of Americaby

Paper back ISBN: 978-1-949736-53-3
eBook ISBN: 978-1-949736-55-7
All rights reserved, including the right to reproduce this book or protion thereof in any form whatoever.

Publisher/出版人：刘雁
Book design/裝幀設計：壹嘉出版

Paperback price/平装本定价: $26.99
eBook price/电子书定价: $18.99
San Francisco, USA , 2022
http://1plusbooks.com
email: 1plus@1plusbooks.com

高磐磐 Panpan Gao

关于作者
About the Author

  高磐磐，生于上世纪六十年代，八十年代毕业于北京大学生物系，九十年代来美国留学，取得分子生物学博士学位和法学博士学位，专攻生物医学研究十几年，后成为专利律师，在美国硅谷从事法律业务已逾二十年。喜欢文学，艺术，美食，电影，旅行，瑜伽。

  Panpan Gao was born in China in 1960's and graduated from Peking University in the 1980's, majoring in biology. She then came to the United States for graduate study and earned a Ph.D. degree in molecular biology as well as a J.D. degree. She has been practicing as a patent lawyer in Silicon Valley for more than 20 years. In her leisure time, she loves reading novels, going to art shows, visiting Michelin restaurants all over the world, cooking creative dishes at home, and writing about her experience and views about cuisine, culture, and innovations.

Panpan Gao

未来之宴

自序：我的美食之旅　1

美酒森林
—— AUREOLE　5

遥远的星座，葡萄酒黑森林
精致，险峻，味道的九重天

辣椒幽魂
—— JAVIER　15

辣椒的烟花，骷髅的欢舞
电光火石，快乐驿站

"红场"戏醉
—— RED SQUARE　27

寻欢，宽醉，秘密警察，
半个寰球，海之泠暖，简单的快乐

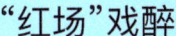

玉粒金莼 —— ROBUCHON
（米其林三星，世纪之厨）　34

水边月下的明珠，世纪之厨
复杂精致的海

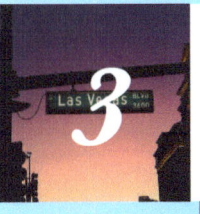

幸运桃子 —— DAVID CHANG
（新学风格，米其林二星）　42

游龙，旋风，旗手，孩童
呼风唤雨，撒豆成兵

空蝉雅韵 —— BENU
（新美国风，米其林三星，世界最好50个餐厅之一）　54

烟尘下做梦的美玉，
谜一般的空灵随性

一场惊心动魄的美食之旅

洛城之子 —— ROY CUI
（新学风格，融合）　　65

钻石，泡菜，父母，烧烤与卷饼
无家可归的不眠之夜

水边云畔 —— 秘鲁　　76

云端，水畔，蓝袍异人头顶明霞
巨蟒王国的台螺，病床上的火山
阳光永远不会西斜

未来之宴 —— RELAE
（哥本哈根学派，米其林二星）　95

地下室里的米其林餐厅，味道实验室
哥本哈根学派，洞穿世界的头脑

金紫银黄 —— 西班牙
（分子料理，米其林三星）　106

酒之烟，味之雾，香槟花藻，
海贝牡丹，嫣红醉绿，金紫银黄

千叶万花
—— Jose Andre, 西班牙　120

墨鱼墨汁竟然是可以吃的，它裹在腥
咸里的尖锐的鲜让本来普通的墨鱼成
了一幅味道浓郁的泼墨画

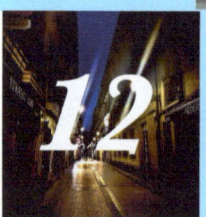

朝圣之旅
—— 寻找 Jose Andre, 西班牙　129

夜正长，味正香，在这里一切都做
了美味的奴隶，包括时间。

内容简介

当你看到书名，你一定觉得这是一本美食游记。没错，这本书的确记录了云游世界美食艺术的美妙经历，但它超出了一般的美食游记，书里的章节诠释了近十几年来烹饪世界翻天覆地的变革，可以说，读懂了这本书，也就了解了近十几家年世界美食的变革史。

近十几年，世界烹饪界经历了一场大变革，用一句话概括，这场变革是现代的以创新为主导的烹饪理念代替了传统的以传承为主导的理念。这场变革以"分子料理"的出现为第一个里程碑。第十章的"金紫银黄"详细介绍了分子料理的来龙去脉和作者的实际体验。以精准的分解，奇异的再组合为基调的分子料理奠定了现代的技术，前卫的思维，衍生出无数新方法，新理念，新视角。比如，"tasting menu"变得越来越重要，美食体验不再是一道菜，而是相辅相应的一连串的菜式的整体体验，这在"美酒森林"和"玉粒金莼"里有详尽的解读。再比如，传统原乡的菜式开始现代化的蜕变，从朴实家常变得精致艺术，这可以从"辣椒幽魂"里得窥一斑。与此同时，现代的方法又让藏于原乡丰富的美食资源放出前所未有的异彩，"水边云畔"的秘鲁和"千叶万花""朝圣之旅"里的西班牙都是极好的例子。当然这场革命的精髓是颠覆，其中重要的一位旗手是 David Chang（幸运桃子）。 他几乎颠覆了一切传统的，既定的烹饪方法，开辟了中西融合的烹饪之路，全新的思路和视角激发了新一代厨师火山爆发般的创造力，这一切彻底改变了世界美食的版图，催生出以前无法想象的主导流派，比如，"哥本哈根学派"（"未来之宴"），"新美国风"（"空蝉雅韵"）。

烹饪的故事从来都是关于人的，这本书里讲述了这些变革中可圈可点的厨师的故事："金紫银黄"里 Andria 兄弟从两个高中毕业生到分子料理的发明人的逆袭；"幸运桃子"里David Chang 这位永不安分，刁钻另类的天才旗手；"洛城之子"里Roi Choi 浪子回头的奇异经历；"空蝉雅韵"里 Corey Lee 寻找自己独特的声音，用西式手法表现东方文化的神奇探索；"水边云畔"里 Gaston 动人心魄的追梦之旅；以及"千叶万花"和"朝圣之旅"里厨界泰斗 Jose Andre 的独到视角和文化之根。

这是一本关于世界美食艺术的书，是一本关于美食变革的书，但更是一本关于梦想，关于勇气，关于视野，关于激情，关于特立独行，关于精研细琢，关于挑战传统，不甘平庸的书。

自 序：**我的美食之旅**

我怎么也想象不到有一天会写一本关于美食的书。从小没下过厨房，母亲和外祖母做了一手好菜，我只有吃的份，至于怎么做出来的，很少关注过。不仅如此，我对她们的各种饮食讲究总觉得麻烦。

二十出头来美国留学，陌生的地方，陌生的味道，二十几年养就的中国舌头像走入了外星荒原，迷失在怪物异形之中。此后很长一段时间就是四处寻觅原乡的味道，满足"中国胃"，"正宗"是唯一的标准。西餐也吃，但那时的西餐似乎并不好吃，只记得滞腻的奶油和浓重的番茄。

这种状况一直持续到十二年前，那一年，我因为健康的原因开始大量饮用蔬果汁。每天将成盆的蔬菜水果榨成汁喝。喝了一段时间后，身体好了很多，居然还有另一个意想不到的效果：我的舌头比以前敏感了许多。从来吃的蔬菜都有油盐酱醋调味，现在我尝到了蔬菜的本味，那份自然的清甘让我得惊喜就像发现了新大陆。从此不再满足于调味浓重的中餐，从出生就跟随我的"中国胃"没有了。当时正是从菜园到餐桌运动如火如荼的时候，也是新式烹饪蓬勃发展的时候，新式的西餐追求新鲜自然，崇尚融合创新，旧日厨房烟火三尺地正在成为美食艺术创作的热点。

  我恰巧在此时接触到了这种新式的烹饪，几位泰斗级的大师给了我决定性的影响。Alice Waters 让我初窥门径，她是美国从菜园到餐桌运动的先驱，我还记得我读的她的第一本书叫"Art of Simple Food"。她的菜式的确简单，应季的菜蔬，巧妙的搭配，极简的调味，看似寻常的东西竟鲜美甘醇，真让人明白了什么是"人间至味是清欢"。她也让我明白了烹饪最重要的东西，那就是让食材的本色闪光。Thomas Keller 是我的另一个老师，他可是名满天下，他主理的"French Laundry"被认为是现代法式烹饪的楷模，连年的米奇林三星。他对食材有同样的理念，但不再拘泥于菜园，而是用新颖的方法，随心所欲地将飞禽走兽，鱼鳖虾蟹变成了活色生香的佳肴，这些佳肴都有让人想不到的味道，而且如花似画，活脱脱的艺术品，让我第一次惊艳于菜肴之美。把这体验推到极致的是在 Robuchon 的米其林三星餐馆（详见"玉粒金莼"），在那里，我有了一次石破惊天的美食体验，在品尝了十八道美轮美奂的菜肴之后，我明白了我所尝的根本不是美食，而是由味道、色彩、形态、温度组成的艺术佳作。我也根本不是来吃饭，而是来经历顶级的艺术体验。我第一次知道了菜肴可以做得如此美艳，如此优雅。我一下子迷上了美食艺术，决心一定要知其门道，在家里复制。也恰在此时 David Chang 走进了我的视野，他活泼新颖，天马行空的的风格立刻俘虏了我，成了我从未谋面的师傅（"幸运桃子"），让我懂得了新式烹饪的灵魂，那就是不拘一格，无限创新，

  我一旦喜欢一样东西，就会达到疯魔的地步。随后的日子，我去了遍布世界的一家又一家米其林餐馆。每吃一道菜，总会反复地想：这个菜为什么这样设计呢？我还看了能找到的米其林名厨们的书，反复地琢磨书里的内容，在自己的厨房刻苦练习。现在这些书已装满了

两个巨大的书柜，有一百多本了。有些顶级厨房的书刚买来时读着像天书，现在再看却明了通透，我清楚地知道厨师的设计思路。而味道搭建也已成为我厨艺的一部份，在自己的厨房里，我设计着一道道米其林风格的菜肴，用味道和色彩表达自己。

  一路走来，这十几年的美食之旅可谓缤纷绚丽，意醉神眩。回想起来，很多精食美馔的具体细节模糊了，但它们给我的惊喜和感动还记忆犹新。这些感动就像我人生天空里的烟花一样，让我觉得人生如此之美，此生不虚度。烟花总是闪瞬即逝的，也因为如此，它的光焰才倍受珍爱，而这珍爱又让它在璀璨的那一刻给人无以伦比的激动，让它在人的眼里越发艳美无双。在这本书里，我尽量用文字记录下这些烟花最美的那一刻，让有缘的读者体会它们的璀璨。

高磐磐
2022年9月10日

第一章 美酒森林

遥远的星座，葡萄酒黑森林，
精致，险峻，味道的九重天

评价一个菜好时，我们常说"色香味俱全"，这个"色"绝不应只理解为菜肴的颜色鲜艳，摆放美观，而更应给人以惊艳的效果。记得一位厨师曾用日本的绿芥末做成一个小小的水滴样的青苹果，尝过的人都说从来没吃过那样好吃的东西，可它既没芥末味，也没苹果味。这位厨师真是制味高手，更是制造惊艳效果的高手，深谙"美色"的真谛。Aureole 的菜精致，所有分寸都拿捏得恰到好处。假如处处都精致，也难免流于平淡。这就需要加入险峻，而那些令人惊异的效果正是奇峰突起的险峻。能做到精致，已非易事，而精致之外又能有险峻，让人对精致的欣赏不敢有懈怠，这才是真正的不易。

Aureole是个美丽的名字，像遥远的天边一个星座的名字。可它却是一家饭店，一家由名厨 Charlie Palmer 主理的纽约的高档饭店，数年它都被评为美国二十五家最好的饭店之一。

在拉斯维加斯 Mandalay Bay 的回廊里，我却看到了Aureole，土金色的，工整的"Aureole"在雪白的一面墙的上端幽幽地闪着光。墙的下端是两三个现代墙雕，淡极的颜色，浅极的粉和浅极的绿，凹凸变幻的椭圆，雅俊，清狂，神秘，不禁让人想到风雨欲来时，漫天乌云的挤压下天边最后的一缕银白。

餐厅棕红的木质门楣下面一片的透明，门里的一切自然一览无余：一座方方正正的塔，因着高大，只能看到它的一部分，塔由一瓶又一瓶，一排又一排的葡萄酒垒成，一座葡萄酒塔！除了这塔，里面什么也没有。这不可能是一家饭店，客人来了连坐的地方都没有，总不能围在塔边站着吃饭吧。它更像一个现代艺术博物馆，那座葡萄酒塔是一个心思奇巧的现代雕塑。可它真是一家饭店，纽约的Aureole在Vegas的分店，它印刷精美的菜单挂在大门一侧的一个台子上，最热的卖点就是五道菜的圣诞晚宴。这么富于悬念的饭店绝不能放过，那就来此一试吧。

进门后自然还是那座葡萄酒塔和塔边孤零零的平台，无桌，无椅，无处落座。我迷惘地向前走去，一直走到塔边才知道，塔的背后藏着一条秘密通道，一条扶梯绕塔而下，将人带进了一片幽暗之中，像进入了密不见光的黑森林，只不过森林里长的不是树木，而是一瓶又一瓶葡萄酒，不同年份，不同风

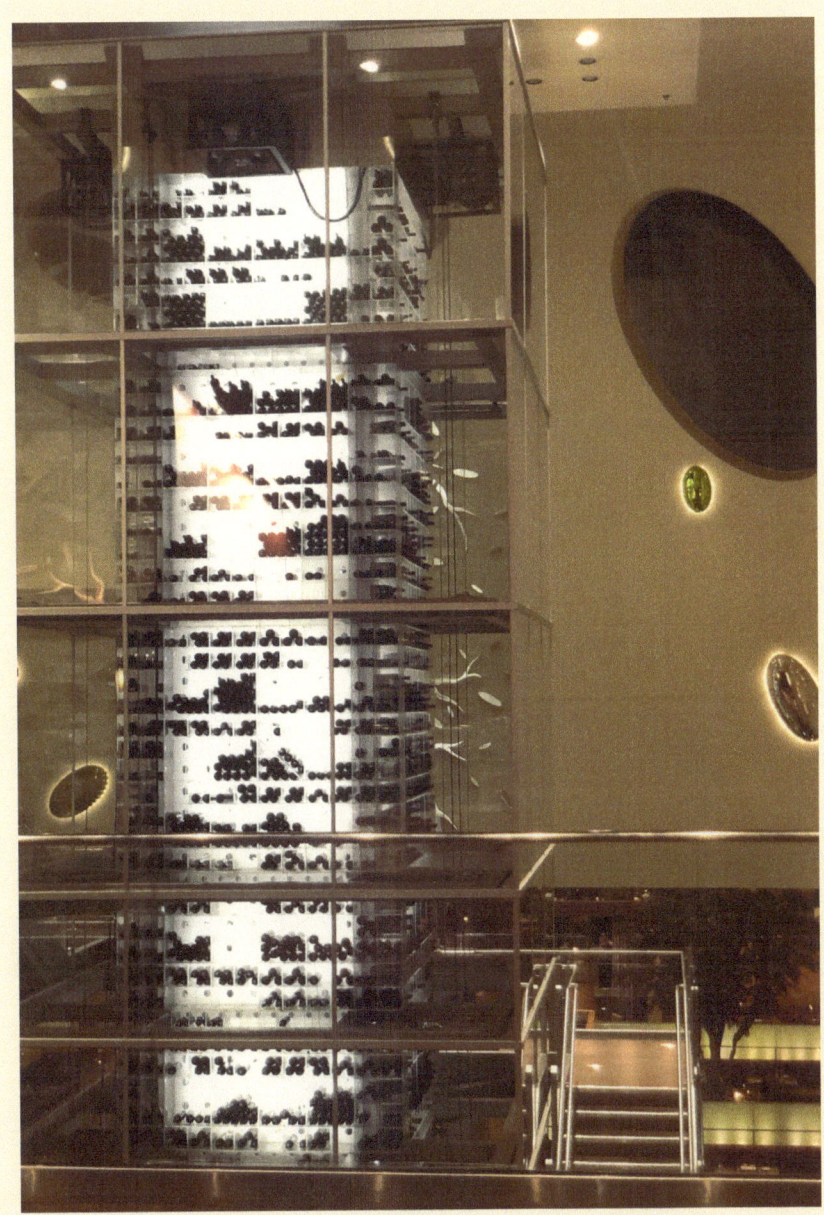

葡萄酒塔

味，不同品质，来自世界各地酒乡的葡萄美酒。

　　说穿了葡萄酒不过是一些发酵的葡萄汁，若论酒精的含量和酒品种里的排行，远远逊于许许多多的酒。可她的魅力却出类拔萃，从古到今引千万人为之痴迷，为之癫狂。我想这是因为她个性迥异，千变万化。葡萄的种类太多了，不同的葡萄酿出的酒自然天壤之别，可同样的葡萄在不同的地域酿出的酒仍然不同，同样的葡萄同样的酒庄不同的年份酿出的酒还是不同。她就像一个测量日精月华的晴雨表，把一方水土那一年的风华霜露用味道一丝丝地融化到了她的琼浆玉液里。最有趣的是，一瓶酒打开之后，与空气里的氧气相遇，竟是一时一个味道。当你等到她味道最佳时，找到了相益的美食，与之相配，她就不再是酒了，而变成了一位仙女，乘着美食的风辇，将你的舌尖和神魂带上味道的九重天。

　　我走过这美酒的丛林，一位又一位仙女与我擦肩而过。这一位清如溪水，却透出浅浅的天青色，她来自新西兰，是由一种叫 Sanvignon Blanc 的葡萄酿成，她清脆如雪后寒冷的空气，酸中常隐隐带着一丝果味的甜。另一位重如天鹅绒，浓重的红，红得发黑，她来自法国的波尔多，是一种叫 Merlot 的葡萄酿成。与新西兰这样的新大陆不同，来自欧洲大陆的酒像它们的女人一样，复杂精致，带着有些风霜的优雅，它可能会有浆果的味道，香草的味道，橡木的味道，甚至老皮革的味道，当你把它与一块上好的牛排相配时，牛排就不再只是简单的香与糯，而会在你的味蕾上弹出一波又一波的舞曲，沁散出说不清的芳香。这些仙女们不断地被撩拨着我对味道的想象力，等走出这片森林，虽滴酒未沾，却已半醉。

　　森林的尽头恍若神仙洞府，华美的大厅里一个个布置典雅的餐桌上摇曳着高低错落的橘黄色的烛光，烛光映着银亮的刀叉，挺括的白桌布，彬彬有礼的侍者，华服丽影的客人，和桌上精雅别致的菜肴尽

饭店一角

收眼底。我长舒了一口气，在经过了刚才的黑森林后，眼前的亮丽像是换了一重天，真是未成曲调先有情。

　　Aureole 主理法式菜肴，但绝非古典式的法国菜，而是现代版的法国菜，而且多用时令蔬果入菜，所以既有法式菜的凝重精致，又有现代烹调的活泼新鲜。来 Aureole 肯定不是为了填饱肚子，而是为了享受美食艺术：它当然是味觉艺术，苦辣酸甜咸如味道的音符，在烹饪高手手中能谱出千变万化的乐曲；它还是视觉的艺术，尺寸之间纷红骇绿，金紫银黄，盘盘都是一幅现代画；它更像行为艺术，恰当的时刻、恰当的酒配上恰当的菜端给恰当的人赏味，还有什么比这更加艺术的呢？

　　人的味蕾像其他感觉器官一样，对新鲜的刺激很敏感，而对同样的刺激容易产生疲劳。来美之后，与旧友相聚中餐一直是首选，大宴小酌常见这样的典型景象：一张大圆桌上摆着清蒸鱼，香酥鸡，宫保虾，东坡肉，炒豆苗，小笼包，扬州炒饭，三鲜锅巴汤，等等。这些菜全都热气腾腾。第一口吃下去香，第二口吃下去鲜，第三口吃下去香且鲜，第四口吃下去香，第五口吃下去还是香。从品味的角度讲，第六口已不必再吃，因为此时味蕾已被这些菜不变的咸香，一样的温度，和加足了酱油或味精的汤汁麻木了。

这样的做法在追求品味艺术的 Aureole 是不会出现的。在所有的味道中，咸味能最快地疲劳味蕾。Aureole不会设计单以咸香为主的菜，即使有，用之也会慎之又慎，也会用酸味或苦味将麻木了的味蕾激活。

第一道菜是一个长圆形的白色小瓷盂，里面铺着薄薄一层白色的软奶酪，中间点缀着一枚深红色的刺梅。奶酪柔软像酸奶油，却又不失奶酪特有的坚挺，是有骨感的柔软。味道自然是奶酪特有的，发酵后的酸味和醇香的酒味，可不知经过怎样的处理，味道比吃过的任何奶酪都柔和，所有味道的毛刺都被一把无形的刨刀磨平了，含在嘴里，只剩下冰凉的、一团香甜酸的柔和。那天是圣诞夜，外面的一切自然是热闹的，人的心也是热闹的，人们带着从里到外的一身热闹来到餐桌前，太多的杂念浮动着。第一口清凉柔和沉淀了这热闹，在这一片烛光杯影之间心竟静了下来。

这时，一位小伙子拿着一瓶葡萄酒走了过来，推荐了一种淡香槟来配奶酪。他举止得体，温和自信，看起来像一位大堂主管，他的衣襟上别着一枚椭圆型的绿色印章，原来他是一位"Sommelier"，一位品酒师。别小瞧这寸许大的印章，要想得到它，必须经过多年的学习和品尝，还要经过极端严格的考试，有的人考上七八次，只有通过考试，才能拿到"Sommelier"的证书和印章，这个考试太艰难，以致许多人在那枚绿色印章别在胸前的瞬间，禁不住哭了出来。目前，全世界只有不到两百个"Sommelier"，他们几乎是葡萄酒的活字典，对世界各地的葡萄酒的特点、味道、应配的食物了如指掌。也只有像 Aureole 这样的高档饭店才能请得起 Sommelier。

这款淡香槟果然好，有一种隐隐的梨子香，它清爽的酸正好让奶酪的醇香从始至终精神抖擞。不论是酒的酸还是奶酪的香都恰到好处，增一分则长，减一分则短，最后融合一体，化为一种别样的芳香。融合的过程也是那么文雅，轻手轻脚，不着痕迹，花谢随水去，雪落静无声。

第一道菜之后，端上一个寸许深的圆盘，盘子基本是空的，只在它的中心放着一个小极了的圆堆，里面有一个油亮的栗子。侍者端来了一个保温壶，一股冒着热气的汤汁倾倒在盘子里，原来这是一个汤，奶油龙虾汤！汤真浓，真鲜，浓烈的鲜，保留着海味特有的鲜，却丝毫没有海产品的腥味。鲜对常吃鱼虾海味的我来说不是一种陌生的味道，很难让人眼睛一亮。可这汤的鲜却比我吃过的所有的东西鲜上十倍，味道又很自然，一定是在吊汤时巧妙地让鲜味浓缩升华了。记得有一次我曾自己试着做西班牙海鲜饭，第一道工序就是吊一锅鱼汤。说是鱼汤，可要用螃蟹、龙虾、大虾、小龙虾、章鱼、鲜贝、海蚌和三种不同的硬骨鱼。鱼头、鱼骨、虾壳、蟹壳都要用适当的温度烤过，把味道释放，才能入汤，吊汤时，还要加至少七八种调料。汤用了整整大半天才吊完，当然鲜极了。可比起眼前这道汤，还是逊色不少，可见这汤是花了怎样的心思才做成的。第一道奶酪的冷和酸，恰好突出了这汤的热，浓，鲜，不仅如此，还有一重柔和的香和甜，它来自汤的湖心岛：油亮的栗子。

再往后，便是晚宴的两道主菜了，先是一道飞禽，小小一块带蜜味的炸鸽胸肉，翘翘地，放在一块 OREO 饼干的旁边。OREO 是小孩吃的黑巧克力奶油夹心饼干，放在这里做配菜似乎不大合适，仔细一看，这饼干是煮熟的甜菜雕成的，中间夹的是软奶酪，做得太像了，真可以假乱真。

评价一个菜好时，我们常说"色香味俱全"，这个"色"绝不应只理解为菜肴的颜色鲜艳，摆放美观，而更应给人惊异效果，比如眼前的　OREO饼干就是用让人意象不到的材料制成的，看到尝到的人都会一声惊叹。记得一位厨师曾用日本的绿芥末做成一个小小的水滴样的青苹果，尝过的人都说从来没吃过那样好吃的东西，可它既没芥末味，也没苹果味。这位厨师真是制味高手，可更是制造惊异效果的高手，深谙"美色"的真谛。Aureole的菜精致，一切都分寸拿捏得恰到好处。可处处都精致，也不免流于平淡。这就需要险峻，而那些惊异效果正是奇峰突起的险峻。能做到精致，已非易事，而精致之外又能有险峻，让人对精致的欣赏不敢有懈怠，才是真正的不易。

飞禽吃完，来了走兽，晚宴的最后一道主菜——烤牦牛肉端了上来。牦牛肉被切成半开的蝴蝶型，吃到嘴里，软嫩香，像一块黄油那样入口即化，却一点也不油腻，还带着一丝淡淡的草香味。在野外生活的牦牛比家养的牛肉肉质要柴得多，也瘦得多。不知用了什么方法，能让它香软得食不留渣。牦牛肉的底下垫着一层煮熟的黑绿的青菜，看上去像　kale，纤维非常的粗，咬一口，枝枝叉叉，毫不驯服地摩擦着此时已习惯了柔和的味蕾。这又是一种险峻，只不过这险峻已不再是视觉惊异，而是质感的惊异，在你习惯了柔细之后，突然加了一份粗砺。

喝着晚宴的最后一杯酒，人已微醉，眼前的精致在闪烁的灯烛下变成了光斑影片，一团团橙红的柔华摞着一沓沓银白的绚烂。来此本为了庆祝圣诞，可此时却想不起圣诞，想不起是在什么地方，只在这光影之间懒懒地坐着，忘了自己，忘了岁月。

篇后花絮

Sommelier

Sommelier（配酒师，品酒师）：世上最难的考试恐怕不是博士答辩而是 master sommelier，因为迄今为止通过这个考试的全世界只有 269 人。考试分笔试和面试。有时光准备笔试部分就可能花七八年时间，基本上是要对全世界从古到今葡萄酒的一切了然于心。通过这样的笔试已经不可思议，更难的还在后边，那就是品尝考试（面试），没有任何标记的十几种酒，品尝后要准确地说出它们的产地、年份、品质。很多笔试通过的人，却翻来覆去难过尝酒这一关，当经过千难万难终于通过时，有的人竟激动地哭了。这些 master sommelier 当然是葡萄酒的活字典，服务于顶尖的酒庄饭店，他们的任务之一就是为美食找到相配的酒。上乘的美食和美酒就像个性十足、复杂多面的人，找到相得益彰的伴侣并不容易。曾经在一家坐落在一个一百年的葡萄园的米其林饭店吃过一道猪肉卷，香醇的蜜汁，软嫩的猪肉，清香的野蘑菇，近乎完美的菜，与它相配的是一杯上乘的皮诺。这看起来天衣无缝的搭配却不对，酒和猪肉绝配，但和蘑菇同吃却后味发苦。当然，相反的经历也不少，最难忘的一次是品尝一种涩度很高的CS，脑子里想的都是肥腴的牛肉或硬质的奶酪，但端上来的是一份用番茄做的味沫，一碰舌尖就化了，但那红酒却变得轻灵，随后是一波波的甘甜，好奇妙。还有一次品尝的是有甜味的红酒，有着很浓的药味，但配了发苦的黑巧克力，药味和苦味消失了，竟产生了很奇特的香味，不知这么不同寻常的pairing是怎么想出来的，由此可见配酒师的功力。

Charlie Palmer

Charlie Palmer 出生在风景优美的纽约上州，从小喜爱在自己家庭的菜园苗圃劳作。这让他成了一个早期"从菜园到餐桌"的倡导者。他走的是正统的厨艺之路，在美国厨艺学院毕业，在几个有名的饭店学艺，而后做主厨独当一面，1997年，他以精湛的厨艺赢得了美国最高厨艺奖章 James Beard Award 的最佳厨师奖。一年之后，他开了自己的第一个饭店，取名 Aureole，坐落在纽约最高尚的上东区一个历史悠久的镇屋，后来又搬到了时代广场附近的剧院区。他坚持革新传统法式菜，并全部采用当地应季的食材，这与传统高档餐馆从外地或外国空运食材的做法截然不同，深得"从菜园到餐桌"的精髓。这些前卫的风格为 Aureole 赢得了第一个米其林三星。 其后的三十年，Aureole赢得了十三颗米其林之星，两次 James Beard Award。 现在 Aureole 已是一个响亮的品牌，在全美多处有分店，Charlie Palmer 其他的饭店和旅店也遍布东西两岸的旅游胜地，他不光注重厨艺精湛，还注重待客之道，让每个去过他饭店酒店的人都宾至如归。他的名言是 "待客之道是不断演变的"，他与时俱进，引领潮流的精神可窥一斑。

辣椒的烟花，骷髅的欢舞，
电光火石，快乐驿站

第二章
辣椒幽魂
——JAVIER

　　一向只知道辣椒的味道就是辣，顶多是辣和香。JAVIER让我第一次知道辣椒的味道能个性迥异：一味辣的后面可以新鲜似浆果，可以沉厚如泥土，可以有一种特别到根本无法形容出的味道。辣性烈如火，是味道的重磅炸弹，一炮打下，被击后的味蕾本很难体会其他细微的味道，可JAVIER却能让辣味的细腻多姿不被火烈锐利掩盖，其难度不亚于烈火中让玫瑰含露绽放，真是识辣、懂辣的高手，辣的知音。

与JAVIER 的相遇非常偶然。一天，我在簇新的 ARIA 赌场闲逛，自然是看不完的花团锦簇，听不绝的人声鼎沸。突然，正前方出现了一棵奇怪的树，它通体漆黑，像是生铁铸成：一株纯黑的铁树！它浸在一层流动的幽光里，粗壮的树身上吐出几个大枝干，上面光溜溜，几乎没有什么叶子。这应该是一棵冬天的枯树，可枝干盘旋飞腾，拔地而起的气势，却让这黑铁树充满生气和灵性，艳丽又诡异。奇怪的是，它并不陌生，我总觉得在哪里见到过这棵树，好像在一个神话的荒原里，也可能是在一个梦境中。盯着它，周围的热闹渐渐虚淡了，也许这一切真是个梦境，而我在梦里。

走近了，发现树下有两个骷髅，扭着身子跳舞，同样的黑铁铸成。它们举着一块黑铁大牌子，原来竟是一个饭店的菜单，这饭店叫 JAVIER 。

黑枝上晶亮的龙舌兰酒，
如朵朵大钻石花

和它门口的黑铁树一样，JAVIER 的一切装饰几乎都是黑色的。黑皮的圈椅，黑漆的桌子，黑铁皮的吊灯。按说，这里的氛围一定很沉闷。可 JAVIER 却艳，说不出的艳。罩灯的黑铁皮盖满了菱形的镂空花纹，透出白亮的光，如满天的星——艳。黑铁的虬枝盘旋在雪白的墙洞里，枝头托着一瓶巨大晶亮的龙舌兰酒，像开出一朵大钻石花——还是艳。

最艳的是一幅横跨整面墙的浮雕，好像是黑色的木头雕成，乍一看，比牡丹还大还艳的花在狂风中疾舞，瓣叶枝蕊，像随时会飞出墙面。又一看，觉得这花的样子很不规整，好奇怪。再一看，哪里是什么花？原来是一个个形态各异的骷髅在狂欢。不可思议的是，这本应是满墙的阴森，满墙的惊悚，却是满墙笑靥，满墙欢快，满墙的激情鼎沸。

这就是 JAVIER 的艳。它的艳没有花花朵朵，不明媚，却锐利，电光火石般刻在记忆里。看到 JAVIER，你会明白原来五颜六色是不需要的，只一色"黑"便足以绘出世上的万紫千红。

JAVIER 专攻高端墨西哥菜肴。我对墨西哥菜的印象最初来自 Taco Bell，一句话，难吃。一堆煮过头的碎肉，配着一团豆泥，放在一个玉米面做成的硬壳里，真是要型没型，要味没味。后来吃了不少正经的墨西哥餐馆，改变了对墨西哥菜的坏印象。但也说不上喜欢它到情有独钟。

对它的惊艳却是来自路边小食摊。记得一次路过一个小卡车，卡车油漆得花花绿绿，远远一股浓烈的香味飘过来。原来是专卖墨西哥卷饼的食摊。车上一个棕皮肤大嫂，丰腴的手指上下翻动着。她英语说得磕磕绊绊，用手指着车上的餐牌问我要什么？餐牌上全是西班牙文，没有英语。经过比比画画的几番交流后，我终于明白了牌子上

饭店里的巨幅骷髅幻舞木雕

是各样的卷饼馅：牛肉，猪皮，鸡肉，牛舌，牛头皮，辣香肠，等等。"牛舌""牛头皮"？！这在墨西哥餐馆绝少见到。

我要了一个牛舌卷饼。卷饼只有巴掌大小，白玉米面做成，柔软却很有韧性，没有任何豆泥，上面清清爽爽地放着煮好的大块牛舌，然后是一撮新鲜的香菜和洋葱。旁边放着一个青檬和绿色的辣椒酱。一口咬下，我立刻精神一振，牛舌香，淳郁的香，面饼香，清甜的香，这两种香交融裹挟着，如一卷卷的大浪冲击着味蕾。青檬的酸和辣椒的辣又让这波浪涌起暗流和旋涡，最后汇成一个味道的海啸，翻卷着，流荡着。有趣的是，这海啸虽激烈，却像影子一样难以捕捉，只觉得满口盈香，但说不出是什么香。

从此，我爱上了墨西哥菜，吃得多了，渐渐体会到它是高低两端的菜肴出色，而中档的餐馆却大多平庸。这大概是因为，低端的菜，像卖卷饼的路边卡车，正宗地道，保持着它原乡的味道。高端的菜自然精益求精，在传统上更上一层楼。而中档的餐馆因为迎合美国大众的口味，只能流于平庸。

像所有的墨西哥餐一样，JAVIER 的餐前照例是玉米片，满满地装在一个幽黑的铁筐里，一尝，就知道它不俗。玉米片薄得像纸，香脆异常，但看不到一点油迹。旁边一个椭圆型的白瓷碗，玉润珠圆，里面新磨的辣椒酱新鲜如刚炸裂的浆果，辣里带酸，酸里又带甜。入口之后，香，脆，酸，辣，甜，口里却长出了另一张嘴，马上渴望着下一口，一口又一口，怎么也停不下来。

看到我不知餍足地大嚼，旁边的侍者端来一个瓷碟，说："你一定很喜欢吃辣，尝尝这个吧。"白玉样的碟子里一团金灿灿的杏黄，是辣酱，杏黄色的辣酱？它的辣针尖样的锋利，却只袭击舌上小小一域，更奇怪的被袭击的部位随机跳动着。口与舌变成了夜空，辣味在

上： 酸辣明虾前菜

下： 辣椒龙虾盅

这夜空里绽开了一处灿烂的烟花，只是不知一个烟花过处，下一个烟花会在哪里。所有的烟花淡去后，一种特别的味道在嘴里散开，有点像雨后淡淡的土腥味，又不是，那味道太特别了，一定是烟花的专用签名。

从小食辣的我对辣椒应该不陌生：辣椒酱、辣椒油、麻辣烫、剁椒鱼头等都是我的挚爱。一向只知道辣椒的味道就是辣，顶多是辣和香。JAVIER 让我第一次知道辣椒的味道能个性迥异：一味辣的后面可以新鲜似浆果，可以沉厚如泥土，可以有一种特别到根本无法形容出的味道。辣性烈如火，是味道的重磅炸弹，一炮打下，被击后的味蕾本很难体会其他细微的味道。可JAVIER 却能让辣味的细腻多姿不被火烈锐利掩盖，其难度不亚于烈火中让玫瑰含露绽放，真是识辣、懂辣的高手，辣的知音。

辣椒是墨西哥菜的灵魂，知辣的人一定能做好墨西哥菜。果然，随后的菜肴样样不俗。精选的牛排骨闷得酥烂，还未尝，腾溢的香气已像寒夜里的火苗迷醉着人的神识。肉已脱骨，入口即化，浓香的酱汁却并没掩盖微带草腥的牛肉本味香。排骨上面盖着一层绿色的辣椒酱，十足的墨西哥风味，用在这里真是画龙点睛，轻辣，微酸，入口后竟满是清鲜，让人想到青辣椒在闪动的阳光下的丰满葱翠，于是，浓郁便不会滞腻，精神了，活泛了。

随后的酿青椒更精彩。酿青椒是经典的墨西哥菜，一般是将各色荤素馅料加上奶酪塞在一个大个的青椒里烤熟。烤好后，软烂的青椒像个大口袋，种种馅料裹在化了的奶酪里，从满满的口袋里溢出来，肥美丰足。这里的酿青椒却迥然不同，挺拔硬实，闪着深绿的釉光，像刚摘下来。它看来绝对没经过蒸烤，可尝起来却没有任何青涩的生味。不知怎样的妙手能让这烹煮过的青椒新鲜得像生的一样。里面很简单，只塞了龙虾和奶酪。鲜甜的龙虾，浓香的奶酪，配上鲜嫩的青椒，妙不可言。酿青椒本以繁复见长，这里反其道而行，只取了两味馅料，加以几乎察觉不到的烹煮，将一道家常菜纯化，净化，家常的丰足变成了写意的优雅。

此时的 JAVIER 静极了，几乎空无一人，对着满屋错落的灯烛，仿佛置身一个深夜的酒馆里。这酒馆不知在哪条街，哪个城市，无任何来路，也没多少客人，好像从云中飞到一个不知名的地方，却是仙苑般的华美精致。而我也不知在赶往何方的旅途中与它相遇，只知道夜已深， 路尚远，不妨进来一醉。

不远的另一张桌子边，坐着一个同样来买醉的人，她是除我一家之外店里唯一的客人。有趣的是我俩此时手里拿着一杯同样的 Margaret，芒果味的，闪着平常的 Margaret 所没有的橙红色，如一抹朝霞。她年过中年，人不太高，身材已失形发胖，她有着白里透红的圆脸，浅棕色的头发，灰蓝的圆眼睛。这本应是一张美人的脸。却不知为什么放在她身上却没精神，几乎是一张让人看过便忘的脸。

她心情很好，满脸的喜色。也许是因为手里举着同样的 Margaret，我们相对一笑后攀谈了起来。她和我一样，非常喜欢 JAVIER，告诉我这是她吃过的最好的墨西哥餐馆。我问她是否常来Vegas。她说当然了，她好赌，每有机会必来 Vegas 过把赌瘾，不论是输还是赢，Vegas 总是像块磁石般吸着她，每次快离开时，就计划着尽快回来。好歹她的工作有许多旅行的机会，来 Vegas 并不是难事。我说："我们对 Vegas 的喜爱太一致了，我也是还没离开时就计划何时再来，有意思的是我对赌博兴趣不大。看来 Vegas 真是个人见人爱的好地方。"

她笑得更开心了，接着说："你知道吗？我昨天赌了整整一夜，手气真是好极了，带了四千进场，出来时已有一万多。后来实在有些困了，就睡了一觉，准备吃完这顿午饭，再进场大战。"

我这才意识到现在不是深夜，而是正午。也难怪，赌场里时间是停止的，它有意不设钟表，连窗户也巧妙地不让人注意到，就是为了淡化晨昏的循环，而让人不分昼夜地寻欢。

我知道她会接着玩下去，直到把赢来的钱全输回去，而且还赔掉不少老本儿。如果这样的痛能让她从此醒悟，不再进场，那她真是有福的人。可许许多多的人却做不到，他们会东挪西凑接着再进场翻本，当然还会再输，直到输得分文不剩。于是，赌博就成了他们人生的黑洞。我曾遇到过一对留学生夫妇，学业优秀，有着丰厚的奖学金，本应前程似锦，可他俩都迷上了赌博，经过几年的输输赢赢之后，荒废了课业，穷得连房租都付不起，最后只好离开了学校，四处流浪。

和赌场对赌，赢一次不难，难的是常胜常赢。庄家赌资雄厚，且占几率的优势，是铁定的赢家。任何人赌的时间长了，都会输得一干二净。这道理并不难懂，许多人却拒绝去懂，也许太自信自己的运气和聪明，也许过于沉湎赢钱带来的兴奋。也许对输痛心疾首，不翻本誓不罢休。不知不觉间，赌对他们便成了不可治愈的痼疾。

我们每个人的一生又何尝不是和命运的一场赌博呢。常听到"做人生的赢家"这样励志的话，其实在"命运"这样的庄家面前，我们也是铁定的输家。命运太强大，太诡异，太无常。要赢过命运，就像我们要赢过庄家一样难。可人又总是那么自大，认为自己能扼住命运的喉咙。赢了自得于自己样样过人之处，输了又遗憾着自身种种不如人处。以至于一生大多挣扎在迷惘纠结当中。说到底，在命运面前我们太渺小了，输也罢，赢也好，也许不过只是时也，运也而已，大可不必太过在意。倒是人生路上的好时光、好风景不可错过。

想到此，我不觉又望了她一眼，她已喝完了那杯 Margaret，双颊成了玫瑰色，有了几分酒意，可脸上却带着常胜将军般的欢喜自信，看来正憋足了劲儿准备在 Vegas 大战几场。而我却已收起意兴，明天离开 Vegas。我们是如此的不同，不论是人生轨迹，还是 Vegas 的经历。我明天会回到我一日复一日的常规里，而她可能输得无法走出赌场的大门，可我们此时此刻却可以在 JAVIER 举着同样的一杯酒尽欢。 JAVIER 是我们共同的快乐驿站。

  谢谢你， JAVIER！

篇后花絮

餐桌上的辣椒

　　我的厨房总有辣椒，红的、绿的、黄的、白的、褐的；超辣的、微辣的、甜辣的，太多了。所居的加州本身就产辣椒，又离辣椒的故乡中南美洲很近，常有集天下辣椒于餐桌的感觉。辣椒从外观到味道都精神抖擞，加了它，很多平庸的菜肴便能华丽转身，让人欲罢不能。它做法也多样，生拌，热炒，火烤，油炸，发酵……每年的五六月一到，农贸市场就可以看到我期待已久的青椒了。青椒其实超市常年都有，又有什么可期待的呢？此青椒非彼青椒，品种一样，但当地的农场出产，没用过化肥和保鲜剂，而且是在成熟恰好的时候采摘的。它个头偏小，不辣，皮薄且脆，买回家，切细丝，用油盐爆炒，刚断生就起锅。火候是关键，稍慢一点，软了，菜的精气神儿就全没了。青椒特有的馨香，被热油一激，芬芳缭绕，菜里的油都是绿的，那种鲜香让你明白为什么"人间至味是清欢"。再等几个星期，"二荆条"就出现了，它尖尖长长，手指大小，清甜带辣，能让任何拌菜拌面新鲜生动，一尝到它，就知道夏天实实在在地到了。等它变红了，就更漂亮了，堆起来像团火，带足了夏天的热度，这时就是做泡椒的时候了，辣椒剁细，加剁细的姜蒜和适量的盐，放进玻璃罐里，加满油，盖好，然后就等吧，过一两天就会看到泡泡从瓶底向上冒，等到酸味冒出来时就快好了。泡椒当然酸，更重要的是发酵给予它独特的鲜味。做好后可以加入黑豆豉，就成了豆豉泡椒，也可以拌入青花椒，成了麻辣泡椒。等一瓶瓶泡椒都做好了，秋天也来了，一个夏天就在这辣椒的青青红红之间溜走了。

Javier

与 Aureolo 正统高尚的身世不同，Javier 完全是野路子出身，一群草根厨师本着对墨西哥菜的热情，凑在一起在南加州开了一家饭店，于是就有了 Javier。为什么会在南加州呢？这里很多墨西哥移民，有大量的墨西哥饭馆。可以说加州的美食版图里墨西哥饭占重要的地位。多归多，出色的还真不多。这些饭馆落入两个极端：一个太原乡，味道好，但饭菜的样式过于家常；另一个是太讨好美国大众的口味，失去了墨西哥菜丰富的内涵与个性。Javier就是要填补这个空白，要用现代的厨艺打造有个性的、精致的墨西哥菜。他们真做到了，从一个南加的小饭店扩展到有七八个分店，遍布几个城市的品牌。近十年来，新式烹饪蓬勃发展，厨师以前所未有的创造力打造出美食新世界。有的走正统高端之路，在名厨名店里发展新技艺；有的就是些热爱厨艺的草根厨师琢磨新奇点子，这些人不在乎拿大奖，也不在乎米其林评星，他们的顾客也是和他们有一样口味的人。我觉得后一类人更有生命力，天马行空，不受约束，Javier 的故事就是代表了新式烹饪里的这样一股最有活力的力量，南加州是这股草根力量的聚集地，多族裔，多文化的世界让这里的年轻人从小就享受世界厨房，眼界开阔，许多 Javier 的故事在上演，下一个改变美食版图的突破很可能就在那里发生。

第三章 "红场"戏醉

——RED SQUARE

寻欢，觅醉，秘密警察，半个寰球
海之冷暖，简单的快乐

　　人生就是从简单到复杂的一个过程，每个人都赤条条来到人世，简单得不能再简单，从双脚着地开始，便不断地在这简单里加着东西：知识，才能，责任，期许，爱恋，亲情，财富，名声，等等。可说到底，当你深夜无人，与自己赤裸相见时，当你垂垂老矣，回想自己的一生时，让你不加思索便能由衷一笑的，哪一个又不是简单的快乐呢？我仿佛看到许多年后，当他老去，有一天与儿孙围炉闲坐时，昏花的老眼又会涌流起今天的兴奋，然后娓娓说起："那一年，我生日，在Vegas……"

同 2012 年相比，2013 年似乎是人类历史上没有重大意义的年份。据说人类世界本该在 2012 的冬至那天毁灭，如果这劫难发生，就没有 2013 年了。可 2012 冬至安然地过了，2013 年安然地来了，连 2014 年的元旦钟声也声震寰宇了。地球依然在转动，太阳照样升起，我们当然应该接着寻欢，那就到 Las Vegas 吧！Las Vegas 被叫作"罪恶之城"，这名字的来历与它的历史有关。这座建在 Mojave 大沙漠之中的人造绿洲，上个世纪初曾是美国最繁荣的几个城市之一。它有一个独特之处：对赌博和色情娱乐尤其宽容，也因此，世界一流的赌场和欢场在这座城市中蓬勃地发展了起来。它像磁石一样吸引了来自八方的游客，通宵达旦地欢聚，让它成了一座灯火永远灿烂的不夜城，一颗华美奇幻的夜明珠，一个荒凉无垠的沙漠之中的海市蜃楼。

Las Vegas 非常简单，它就是一个卖给你快乐的城市。它给你的快乐也简单：一杯美酒，一夜豪赌，一次艳遇，一场美轮美奂的表演，一个疯狂无羁的夜晚，等等。在这里，你不用缅怀历史古迹，因为 Las Vegas 从来不在乎历史。再美再大的赌场酒店，都会变老变旧，最后被炸为平地，让更大更美更新的取代。Las Vegas 相信旧的不去，新的不来。在这里，你不用瞻仰大师遗踪，也几乎没有什么对人类近代史产生过影响的大师根植于此，即使是现今演艺明星和Las Vegas的缘分也不过是登台献艺。在这里，你不会想着去领略文化沉淀，正相反，Las Vegas 就是让你忘了自己的过去和未来，不管你从哪里来又到哪里去，不妨来这里歇个脚，尽个欢，来个彻底的忘忧，完了之后，该干什么干什么去。有句俗话说得好：在 Vegas 发生的事，永远留在 Vegas。

我过去十年几乎每个圣诞节都在 Las Vegas 度过，住遍了 Strip 上的赌场酒店，尝试了 Las Vegas 提供的各样的娱乐。每次去 Las Vegas 前我总会想，我为什么还去呢？该玩的、该看的不都玩了看了吗？可每次又总是去了，每次又都有新鲜的经历，每次都能尽兴而归。这就是 Las Vegas，它就像我的后院，我的一个故乡。在海外漂流多年，原来的故乡早已变成了脑海里的模糊影像，外面的地方待久了，去多了，也就成了故乡。Las Vegas 甚至比故乡都好，它没有过分好奇、事无巨细探问你境况的老邻居，没有憋足了劲儿和你攀比的老同学，也没有你本没兴趣相见又不得不见的远亲。来到它的怀抱，你什么都不用做，只需舒展筋骨，抖擞精神，享受快乐时光。

2013 年的圣诞我住在 Mandalay Bay。Mandalay Bay 是我心仪已久的地方，太喜欢它的宽敞了。它有一条从赌场大厅通向鲨鱼馆的巨大回廊，几乎像哥特式教堂一样高耸的云顶，云顶下的水泥地面刻成一块块硕大的、涂了黑漆的石板样，闪着神秘黝黑的光亮，总让人想到这路通向哪个未知的古堡。回廊曲折通幽，却宽阔无边，似乎举头望不到顶，抬眼望不到边，两边几十米高的玻璃窗引来了窗外沙漠慷慨的阳光，肆意在窗边翠绿的芭蕉和凤尾竹上流动着艳光。走在这回廊上，虽在室内行走，却总忘了身在何处，仿佛走在一片艳阳熏风之中，隐约还可听到不远处的海上涛声。也许是因为在 Strip 的边缘，Mandalay Bay 并没像其他的大赌场那么拥挤，也因如此，它的宽敞没像 Venetian 和 Bellago 被人山人海淹没，任何时候去，那宽敞总在，在安安静静地等着你。

一群饭店安稳适意地蜷卧在这宽敞的一角。饭店在 Las Vegas 可不稀罕，娱乐圣地不会缺了美食美酒，许多顶级的厨师都在 Las Vegas 有他们的厨房，高档饭店更是数不胜数。Mandalay Bay 的这群饭店却独有特色，因为从外观看很难看出那是饭店。这片区域最醒目的是一个巨型雕塑，它是一座水泥铸成的穿着大衣的列宁，有几人高，一只手挥手向前，另一只手有力地抓着敞开的大衣衣襟下摆。而这个列宁是没有头的。以热带风情为主调的 Mandalay Bay 为什么摆放一尊列宁的无头雕像呢？雕像的旁边是一个并不大起眼的门，门内黑黢黢的，旁边的一个小桌子上摆着一份菜单，这竟是一个饭店的入口，它叫"红场"，专卖俄国风味的菜肴，特别是伏特加和鱼子酱。

住在 Mandalay Bay 最大的好处之一就是可以尽兴地享受它的饭店酒吧。晚上不管喝到多晚，不用担心能否安全回到住所，总不过是几个走廊，一段电梯的距离。那就先从"红场"开始吧。与"红场"先声夺人的外观相比，它里面的一切相对简单，当然简单不是简陋，布幔、壁纸、桌椅、装饰，以红、金、黑为主调，有一种古俄罗斯的奢华艳丽，但绝不古色古香、繁复堆砌，相反，线条简洁明快大气，现代风格的写意又加足了异国风情的浮华，张力浑然天成。菜单同样简单，薄薄的一页纸，主菜只有五六样，开胃的前菜也不超过十样，倒是酒单厚厚的一沓，像一本内容丰富的书。

来到"红场"时大约晚上五点左右。时间有些尴尬，晚饭有些过早，午饭时间早已过了。没关系，此时正是"快乐时光"（happy hour），饭店多半会有价优的酒和开胃菜，适于小酌。因是第一站，又是小酌，自然不愿吃得过饱，我没要任何大菜，只要了一份加了鱼子酱的生蚝和一杯叫"KGB"的鸡尾酒。生蚝只有三枚，却采自相距数万里的不同海域，一个来自温暖的墨西哥湾，个大、多汁，有一种浓烈的海腥味，两个则来自寒冷的太平洋东北海域，个头小了一半，却异常鲜甜。方寸之间的一小盘菜倒品尝了大半个寰球海的冷暖。未经烹煮的牡蛎有一种柔滑细润的腴，鱼子酱也腴，可那腴见棱见角，两种截然不同的腴放在一起，只觉口里层层叠叠，余味悠长。"KGB"清凉爽口，正与这腴相配，但与想象的相去甚远。这是用上等伏特加和几种新鲜果汁调成的鸡尾酒。KGB 这个名字让人觉得这酒应有一棒子把人打晕的霸气，可这杯酒却只清甜，像果汁一样，没有什么酒味，实在太缺少俄国人一瓶接一瓶大灌伏特加的豪迈。也许为了迎合 Vegas 的口味把酒的猛烈去掉了，但愿不是如此，若这样，这酒也就没了精气神儿了。

　　走出"红场"，迎面是一面大石墙，光洁的石墙有几块垒墙的石头被抽走，换上了一个个古佛像的部件：一个倒卧的大佛头，一个拈指的莲花掌，一只戴着佛珠的肥厚的脚，东南亚热带丛林里的深山古刹在 Mandalay Bay 投来了千年的倒影，浮了起时光的涟漪。石墙的尽头异常开阔，一排排宽大却低矮的靠椅，放着用日式织锦做的圆柱型大长枕，它们看上去真舒适，大张着温柔的双臂，准备随时把你拥入怀中。这样的温柔是不容易抵御的，我把自己扔进了它的臂弯，真好，四肢百骸像被云朵包裹了一样。

　　坐了一会儿，一位侍者模样的小伙子来到我身边，递给我一份菜单，问我想要点儿什么。我这才意识到这原来是一个饭店，与"红场"迥然不同，它并没有明显的门，有几扇日本风味的木隔栏隐约圈出了饭店的轮廓，饭店与外面的回廊浑然一体，没有内外的阻隔，像是回廊的一个亭榭。这里经营日式菜肴，不是传统的日本菜，而是现代 fusion 风格，菜肴在保持日式做法的同时，明显地受了西式菜肴，甚至亚洲其他国家菜肴的影响。我要了一份寿司卷，米饭裹的不是鱼肉，而是烤好的猪肚五花肉，带着一块酥脆的猪皮。这明显地融合了韩国烧烤。配菜也绝不是想象中的海藻或刨得极细的日式萝卜丝儿，竟是西式的 coleslaw，一种用酸奶油拌的卷心菜丝和胡萝卜丝的色拉。传统的寿司以清淡见长，轻匀淡抹，从未用过烤猪肚肉这样肥腴的材料。这道菜却大胆地给寿司加了韩国菜的浓墨重彩，又没有韩国菜常见的辛辣，保持了清淡的精髓，西式 coleslaw 的酸甜正平衡了肥腴而生的油腻滞重，真是一道出奇的 fusion 菜。

好菜不能没有好酒，一大高杯日本啤酒端来了，升腾着琥珀色的诱人泡沫。正准备痛饮，一股烈火突然在全身烧了起来，五脏六腑翻滚着灼热，脸一下子变得通红。这是怎么回事？这啤酒再好，总不能还没喝就醉了吧。一定是"KGB"！只有烈性烧酒才能点起这样迅猛的火。它不愧被叫作"秘密警察"，能让你毫无警觉地把它像糖水一样灌进肚里，然后潜伏几十分钟后，来一个迅雷不及掩耳的致命偷袭。也许这就是为什么它被叫作"KGB"的原因吧。清凉的啤酒正好浇灭身上的烈火，我一口接一口连灌了大半杯，不过那只是饮鸩止渴，短暂的清凉过后，无异于烈火烹油，酒意一波又一波地涌上来，越来越浓，看来今天只好收场了。

回来的路上，有些飘飘悠悠的，在电梯里绊了一下，几乎失去平衡，旁边一位高大的男子一把扶住了我，并帮我按好了该去的楼层。他不安分地挪动着双脚，似乎按捺不住内在的激动，终于忍不住对我说："你知道吗？今天是我的生日，我正要去看这里最红的 Michael Jackson Show，然后会到 LIGHT (nightclub) 痛痛快快地玩到天亮。"看着他涌流着兴奋的双眼，我对他会心一笑，那一瞬间我知道我和他虽只有不到一分钟的相逢，却是当之无愧的知音，因为我们都是 Las Vegas 的知音，都能欣赏 Las Vegas 带来的快乐，对她欣赏得那么忘乎所以，那么尽情尽兴。人生就是从简单到复杂的一个过程，每个人都赤条条来到人世，简单得不能再简单，从双脚着地开始，便不断地在这简单里加着东西：知识，才能，责任，期许，爱恋，亲情，财富，名声，等等。可说到底，当你深夜无人，与自己赤裸相见时，当你垂垂老矣，回想自己的一生时，让你不加思索便能由衷一笑的，哪一个又不是简单的快乐呢？我仿佛看到许多年后，当他老去，有一天与儿孙围炉闲坐时，昏花的老眼又会涌流起今天的兴奋，然后娓娓说起："那一年，我生日，在 Vegas……"

篇后花絮

鸡尾酒

在美国住了二十多年了,鸡尾酒喝了不少,但满意的不多。究其原因,可能是大部分的鸡尾酒都甜腻滞重,能调到酸甜适口的很少。为什么如此,我也不知道,大概就像美国的点心甜得发腻一样,这里的人味蕾需要强刺激吧。还有就是很多传统的利口酒本身就有化学怪味,配出的鸡尾酒自然不会是清爽自然的。近几年流行菜园到餐桌,更加上分子料理的出现,越来越多的鸡尾酒成为天然花香果香的结晶,撷花果之香,聚夜光之杯,何等的美妙。这样的鸡尾酒不但可以当酒喝,而且可以直接入馔。八月盛夏,酷暑难消,一天忙碌之后,将鲜榨的黄瓜汁、辣椒汁、青柠汁过滤冰镇,再加上冰镇过的清酒或杜松子酒,有时还可以加些许青苹果汁,调出的酒绿莹莹一汪,装在细长的高脚杯里,杯口架上一枚带壳的生牡蛎或生海贝,吃的时候,把蛎或贝倒入酒中,一饮而尽,翠液碧浆,甘爽鲜郁,窗外火红的落日,就像为这道菜而预备的。

第四章 玉粒金莼

——Robuchon

米其林三星,世纪之厨

水泛月下的明珠,复杂精致的海,宿命的莲花,交响曲,孔雀开屏

第一道菜上来了,是一个莲蓬,不,是一朵金莲花,不,是一幅现代艺术画,因为我在现实世界从未见过这么漂亮的莲蓬和莲花。纯黑的大莲心,上面缀着一碎金叶,下面是深黄的花座,顶着翠绿花芽的奶白色珍珠像莲子一样围着莲心孔雀开屏一样地排开。这么美艳的东西真的能吃吗?把它摆在任何一个艺术馆都是一个精彩的展品啊。侍者来了,耐心地解说,黑色的莲心是鱼子酱,下面是雪蟹肉,莲子是秘制的味珠,花座是龙虾的上汤过滤透明之后,凝成的羹胶。我尝了一口羹胶,一股浓烈的海的味道让我吃了一惊。这里鲜甜固然有,腥咸也在,海的棱角一点也没被磨去。它让我想到了十七岁第一次远足看到大海,在大海出现之前,我期待无比的时候,闻到的第一丝海的味道。

这扇门让我无比好奇：里面到底有些什么呢？它坐落在酒绿灯红之中，雪白的大理石门楣，黑色的棂格，深烟色的厚玻璃，与一般的门不一样，它是巨大的半圆柱，俨然一颗顶天立地的黑钻石戴着一顶白玉皇冠。它黑白两色的尖锐让我想到艺术画廊。但是不像，因为它一点儿都不冷峻。也许这是一个极高档的珠宝店，也不像，因为站在它面前，我一点儿都闻不到商品的气味。说它像钻石，其实也不准确，它散发着柔和温婉的光，更像一颗明珠，不是在灯光下，而是在水边，在极亮的月光下。门里，光影绰约，幻彩朦胧，好像几位风雅的知音密友在欢聚。有意思的是，他们并没有拒人千里之外，而仿佛轻声慢语地对我说："你和我们意气相投，进来一叙如何？"我一下子就感觉风雅了许多，更想进去一探了。

这时我看到了红绒盒子里一朵大梅花，米其林的特有标志。仔细看，白玉皇冠上刻着 Joel Robuchon。原来这是一家 Joel Robuchon 米其林三星餐馆。Robuchon 可是泰斗级的厨师，称他为厨师就像称毕加索为画家一样，他的成就早已超越了厨师，而是一位饮食界影响巨大的艺术家。他博采众家之长，改良了过于拘谨的传统法国菜，创立了它的现代版，食材更多样，风格更灵活，立意更新颖开放。这为他赢得了"世纪厨师"的美誉，也为他在世界各地的餐厅赢得了三十一颗米其林之星。

这样的地方不可不访，于是我就去了。推开好奇已久的那扇门，里面别有一番天地：大厅比我想象得小，小到似乎与那气派的大门不相称，也因此，有了居家的安适，并不感觉在一家饭店，倒像是到一个风雅之家做客。素雅的描金白墙，闪亮的黑餐桌，雪白的缎面椅，锃亮的酒杯，一切都是妥帖的现代简约风。但桌布靠枕却是浅粉、藕荷和深紫，似乎泼洒了太多艳美的暖色。奇怪的是这恰恰让这大厅温馨甜美又清雅绝伦，幽幽的烛光里，好像置身夏夜的花园，虫蝉唧唧，花香暗浮。

　　这时，侍者端来了一杯香槟，我慢慢呷着，一时竟说不上它是酸，是甜，还是香，只觉得清爽宜人。它不光洗净了我从外面带来的一身喧闹，而且让我的期盼和好奇也沉淀了下来。我心静似春水，知道一场大戏就要登场。果然，侍者拿来了菜单，是一个十几道菜的 tasting menu。顶级的厨师其实不是厨师，而是一位艺术家。他也绝不只是烹煮一两道美味佳肴，而是用食材，以及对用餐顺序的精心把握，用味道、温度、颜色、口感，谱写一个美食交响曲——十几道菜的 tasting menu。

　　第一道菜上来了，是一个莲蓬，不，是一朵金莲花，不，是一幅现代艺术画，因为我在现实世界从未见过这么漂亮的莲蓬和莲花。纯

我在现实世界从未见过这么漂亮的莲蓬和莲花

黑的大莲心，上面缀着碎金叶，下面是深黄的花座，顶着翠绿花芽的奶白色珍珠像莲子一样围着莲心孔雀开屏一样地排开。这么美艳的东西真的能吃吗？把它摆在任何一个艺术馆都是一个精彩的展品啊。侍者来了，耐心地解说，黑色的莲心是鱼子酱，下面是雪蟹肉，莲子是秘制的味珠，花座是龙虾的上汤过滤透明之后，凝成的羹胶。我尝了一口羹胶，一股浓烈的海的味道让我吃了一惊。历来提到海鲜，赞誉的词一定是鲜甜。那就是去掉腥咸，留下鲜甜。但这里鲜甜固然有，腥咸也在，海的棱角一点也没被磨去。它让我想到了十七岁第一次远足看到大海，在大海出现之前，我期待无比的时候，闻到的第一丝海的味道。法国菜历来温和儒雅。这位厨师真是生猛大胆，非高手，不会用此险招。本只鲜甜的雪蟹在这海的味道里仿佛活了起来，丰沛鲜润。鱼子酱特有的咸鲜也在这海里如鱼得水，不再滞涩。而奶白的味珠正好把这些味道糅合在一起，送给我一片更复杂精致的海，我把那片海含在口中，久久无语。

　　这时我口里突然出现了一丝带果香的酸甜，像影子一闪而过。原来是我饭前喝的香槟，它们被出色的味道吸引，一缕香魂，飘来相聚。

　　我正发呆的时候，后面的三道菜来了，它们放在不同几何形状的碗碟中，在一个大白托盘上被端上来了。侍者介绍完菜后，一再嘱咐品尝它们的次序，千万不能错了，因为它们必须以从淡到浓的方式品尝。第一道菜太漂亮了，一朵硕大的粉紫色的大丽花，长着一个嫩绿的大花心，顶端插着一朵小紫花。其实这不是一朵花，而是一道用红卷心菜做的冷汤，汤的中心放了一堆须状的绿菜。冷汤本是西班牙菜里常用的，以番茄为主料，味道酸咸。这里用红卷心菜，别具一格，甜中带咸，须状的绿菜却是苦苦的，配着冷汤，真使人满口生津，更妙的是汤里加了鲜红的石榴子和老绿的鳄梨片，不论从颜色还是味道都起到画龙点睛的效果。吃完这道菜，我觉得从深幽的大海来到了苍翠的草原，满口的新鲜清爽，那种只有青枝绿叶才能有的清爽。

　　清爽的口舌正好品尝下一道菜，冷切的鹅肝加上大片的鲜松露，真正的法式奢华，可能只有在 Robuchon 这样的饭店才会这么大方地提供如此昂贵的食材。下一道又是龙虾了，鲜甜的龙虾浇着酸甜口味的汁，再伴着新鲜的萝卜丝。哇！从法国一下子到了日本。龙虾鲜甜，鲜甜的东西其实容易让味蕾疲乏。恐怕是第一口一定鲜甜，第二口也鲜，第三第四口，鲜甜劲儿就淡了。日本风味的酸甜汁和微辣的萝卜却让味觉一直敏锐，龙虾也就一直鲜甜，吃完还意犹未尽。

　　菜一道又一道地来了。一个白洋葱的酥皮圆饼，上面盖满了一片又一片的黑松露。白洋葱烤过后淡淡的甜和酥皮的酥脆给黑松露铺设了一个绝佳的背景。松露那特别的香味在这背景下尽情地发挥了出来。尝着它，我仿佛来到了法国那陌生的山林乡野，阳光下蒸腾的山烟野气令人心醉。

　　一只鲜嫩肥腴海胆，本已是绝佳之味，妙的是大厨给它加了一圈味之沫。沫是分子料理常用的技术，是把味道融合在蛋白打制的泡沫里。从而将味道淡化或浓缩到想要的程度，就好比把颜色调成无数的色度。这味沫真是恰到好处，似乎很淡，却让海胆有了一层从未有过的味道，甜，鲜，香，似乎都是，又都不是。只觉得舌头要被这团美味溶化掉。后来才知道，这原来是大料的味之沫。大料？这么普通的香料竟能变成如此的神物，太奇妙了！

　　更多的菜来了。巴掌大的鸭肝，穿在一个香草的细枝上，两端各穿着一枚金桔，在炭火上灼烤，美腴不可方物。又是龙虾，这次是用的绿咖喱汁，风味特别，还有南瓜羹汁配煎带子，松露做的脆饼，在葡萄藤尖上灼烤的牛肉，等等，等等。每一道都可圈可点，每一道都是一个精妙的艺术品。当甜点要来的时候，我已因太多的惊喜有些疲累了。

甜点上来了，我精神一振。它们太漂亮了，美艳绝伦。它们根本不能叫作点心，而是糖做的莲花，果制的百合，奶聚的花蕾，巧克力盘的蝴蝶。它们更是美味绝伦，很甜，但绝不霸道，更多的是香：果香，花香，奶香，酒香，草香，蜜香……好像全世界花和果的香气都来此欢聚。

最后侍者端来了一幅画，画里是一棵可可树，上面挂着三个可可果。最后一道菜原来是看的，不是吃的。正在犹疑的时候，侍者笑着告诉我，这三个可可果，其中一个是仿可可果的甜点，另外两个是画里的，并告诉我哪个是甜点。甜点当然毫无疑问地美味，在顾客已有些倦怠的时候，突然来了一个巧妙的噱头，真让人开怀大笑。宛如一个欢快俏皮的音符，结束了这美妙的美食交响曲。

这首交响曲从此盘踞在我的脑海里，让我对美食的眼界有了脱胎换骨的飞跃。我第一次知道了菜肴可以做得如此美艳，如此优雅。从此之后，很难再有饭店让我真正惊艳，包括许多米其林三星的餐厅。我知道这是不公正的，世上有几家餐厅能出 Robuchon 之右呢？可我还是不能改变这感觉。"曾经沧海难为水"，这就是 Robuchon 在我心中的地位。

Robuchon 四年前走了，他死的那一年也正好是我的"失去之年"，那年四月母亲走了，五月我敬仰的 Anthony Bourdin 自杀了，夏天，Robuchon 因胰腺癌过世。我们一生可以有很多经历，可"曾经沧海难为水"的感觉能有几次呢？现在，给我这种感觉的厨艺大师永远没有了。我们常常感叹人世无常，实际上我们的命运并没什么无常，而是铁定的：我们会感受世间的美好，而这些美好也注定会离我们而去，如阳光下的朝露。无论我们怎么做都不能改变这个宿命，无论什么样的心灵鸡汤都不能治愈这种失去给我们的痛。我们只能祈祷记住这些美好，让它的记忆存留得久远些。我知道我的记忆里将永远有着一个明珠一样的大门，和那大门内曾给我的精彩时光。

篇后花絮

米其林

"米其林"这个词现在几乎被人挂在嘴边。那么什么是"米其林"呢?"米其林之星"有什么意义呢?米其林实际指米其林指南。它是1900年由米其林牌轮胎商开始发行的旅行指南,告诉大家开车旅游住宿餐饮的信息,介绍舒适的旅馆和好餐厅,旨在鼓励大家出游。后来这指南越来越受欢迎,而内容越来越丰富,质量也越来越高。这本指南开始从1926年起对所推荐的餐馆评星。1936年正式公布了它的评星标准:* 很好的饭店;** 优秀的饭店,值得为它绕路探访;*** 优异的饭店,值得为它专门安排旅程探访。米其林的评星过程神秘而严格,评委从来不透露自己的身份,甚至他的家人也不知道。探访的过程也是犹如微服私访,严格按照标准从厨艺、创新、服务各方面进行评估。因为如此,它的口碑越来越高,成为业界标准,也成为许许多多优秀厨师的梦想。每年的米其林之星放榜不知牵动多少厨师的心。有一位法国名厨曾因自己的饭店从三星被降为二星而自杀,可见米其林之星有着怎样的分量和魅力。

第五章 幸运桃子

——Daivd Chang
Momofuku

游龙，旋风，旗手，孩童，
呼风唤雨，涵豆成兵，
酒乡清晨的顿悟

常说人生最快乐的事是"洞房花烛夜，金榜题名时"。我却觉得是"顿悟的瞬间"。那种从无到有，从暗到明的飞跃真是太令人激动了。它可以发生在三岁，也可以发生在三十岁，还可能发生在三百岁，如果我们能活那么长的话。在那一刻，我们都脱掉了社会的外壳，赤身裸体，奔跑在雷鸣电闪的原野上，成了名副其实的万物之灵。

我还记得 David Chang 出现的那个晚上。大约十年前，一个极普通的夜晚，入秋了，天冷下来，夜越来越长，随着夏天彻底的结束，通勤路上突然多了许多车。我开了一天的会，后来在无边无际的车海里走走停停，终于回了家。随后，接小孩，做晚饭，吃晚饭，洗碗。电视是开着的，好像很热闹。但大家都乏累了，谁也没注意，就像水槽里碗碟的碰撞和哗哗的水声一样。这时，一个人在电视上出现了，二十多岁的年纪，龙眉虎目，活脱脱一个张飞，应该说是刮掉了胡子、和颜悦色的张飞。他站在一个厨房里，粗壮的手指飞快地调遣着面前的七荤八素，自信得像个魔术师，仿佛能呼风唤雨，撒豆成兵。手里一边忙着，一边游龙般左冲右转，一边口里大声地嘟念着，像一股旋风，所向披靡。隔着屏幕，我都感觉到那旋风扑面而来，一下子把那晚的疲乏郁滞一扫而光。

这是谁呢？这么精神！这时更有意思的场景出现了。这人拎来了一大块油光红亮的东坡肉。说是东坡肉，其实我也不确定那是不是真正的东坡肉，是蒸的，炖的，还是烤的。只是像极了东坡肉。只见他拿出了一个小焊枪，一股蓝色的火苗喷了出来，把肉竟像生铁般淬了一遍火，这块软软的肉立刻挺脱有样起来。这时，他扯出了一大片翠绿的生菜，涂了红彤彤的酱，切了一大块肉放在上面，在上面放了一个流着汁水的生蚝，然后是玉白的梨丝，深紫的香草。然后他大手一卷，放在一个大嘴中，那是我见过的最硕壮有力的大嘴，似乎可以嚼透世上的一切食物，却被一个鲜润如花瓣的唇围绕着。他脸上绽出孩童般的笑，双颊映着胭脂样的红，俨然一朵盛开的大玫瑰花，花里吐出了一串串的"

当代艺术味十足的入口

香"字。这个"香"太有感染力了,我觉得我整个屋子都在飘香正在陶醉的时候,一包面出现了,极普通的超市买的泡面,没有用开水泡,还是那张大口,坦克般一下子将面干硬的肢体碾去了一大块。一边嚼着,一边摇头摆尾地沉醉,然后,停下里,两眼放光地对我说:"泡面干吃,我上大学时最喜欢的零食!"我一下又坚信世上最好吃的零食就是干泡面。然后,面突然被放在水里啦,不是普通的水,而是加了奶酪的水,顷刻间,一碗意大利面做好了,等撒上黑胡椒,用刨子刨上上等的硬奶酪,我仿佛一下子就到了意大利星级餐馆,桌布雪白,刀叉锃亮,一顿丰盛的晚宴就要开始。同样的面又放在加了奶和奶酪的水里煮开,随后用搅拌器做成细糊,装在一个一端开口的袋子里,从里面挤出一段段白色的Gnocchi,煎成金黄色,放在一个暗白的大盘子里,上面撒了几根头发样细的碧绿香草。香草用得恰到好处,多几根,就冗赘了,少几根,又过浅淡。优雅的真髓在恰到好处,这道来自泡面的菜竟相当优雅漂亮,我所坐的意大利星级餐馆陡然多了颗星。橙色的烛影里,金黄的 Gnocchi,衬着一杯新倒的意大利红酒。窗外就是纽约的华灯夜影,映在酒杯上,如都市夜梦,浮动着各色的想象,馨香迷媚。突然,这一切消失了,我坐在地中海明媚的阳光下,猩红的三角梅随着微风挑逗着沉静的蓝天,黄底蓝花的桌布上,银鱼红蟹紫贝在一个大铸铁锅里香气弥漫。原来干泡面让他敲碎,代替长米又做成了西班牙海鲜饭。天哪,一包普通的日本泡面在他手里竟能登堂入室,毫不费力地带我游历了意大利和西班牙,真是一位能上天入地的鬼才!最后,这位大厨举起了方便面,俏皮地说:"我们只知道这是泡面,可它其实就是特别能吸汁的淀粉。"悟性太高了!这是一个能把一本书用一句话说清楚的人,凡事直视本质,知其所以然。有如此悟性的人在人群里当然是凤毛麟角,就是在所谓专家学者中亦绝不多见。他们往往不按常理出牌,能颠覆前人,改变游戏规则。

我已被惊得目瞪口呆了,可是,还没完,他又出现了。他拿出了

.献给师傅的南瓜龙虾

一块放在干米里发酵风干的柴鱼块，用刨子刨出了柴鱼片，这本是日本传统的做法，并不稀奇。但他又拿出了一块放在干米里发酵风干的熏肉，用刨子刨出了像柴鱼片的薄得像纸的熏肉片。原来他用做柴鱼干的手法做成了熏肉干，刨出的肉片能立刻成为一锅高汤。为此，他还特地到MIT找到了微生物学教授，为他的熏肉干建立了专用的发酵菌种。

这时，我突然身上有些发冷，那是我遇到动人心魄的东西时的反应，当我第一次看到达利的画时，第一次读到卡夫卡的小说时，就是这种发冷。我知道这个厨师根本不是在做一个厨艺表演，而是在演示一场革命。这场革命将彻底改变我们对食物的思维定式。经过这场革命后，人们不会再用千篇一律的方法做饭，吃饭。

后来我才知道，这场革命其实已经进行了很长一段时间了。只是我孤陋寡闻，一无所知。它就是从"old school"到"new school"的革命。这个无比精神的大厨是这场革命的一个重要旗手，他叫David Chang。他的餐馆叫Momofuku，日文"幸运桃子"的意思，但按David Chang自己的话说，他选这个名字有一个原因是因为它听起来像"motherfucker"。既然有个日文名，那这一定是个日本餐馆了。绝对不是，Momofuku有许多日本元素，但绝不是一个日本餐馆。同样的理由，它既不是一个朝鲜餐馆，也不是一个亚洲餐馆。它更不是传统意义上的西餐馆，甚至也不是所谓的东西融合式的餐馆。它什么都不是。如果非要定义它，那它应该是个"反餐馆"，就像"物质"与"反物质"一样，"反餐馆"就是对"餐馆"的颠覆。这就是这场革命的精髓，"new school"的精髓，那就是颠覆"old school"———一切传统的、既定的烹饪方法。在"old school"，各个文化的烹饪方法，都有一定之规，这规矩也是传了好多代的。一个新手进厨房，就是学习这些规矩，直到做到出神入化。所以，对"old school"的菜最好的赞誉是正宗。那么"正宗"就是一定好吗？这正是David Chang这些"new

写在黑板上的甜点菜单

school"的厨师们提出的质疑。他们的答案是否定的。盲目地遵从前人的规矩就是剥夺了自己思考创新的机会，也是放弃了把美食艺术推向新高度的努力。于是一场质疑定规，颠覆传统的革命开始了。这就像现代艺术的兴起一样，全新的思路和视角激发了火山爆发般的创造力。

这场革命当然让人着迷，但更让我着迷的是 David Chang 这个人。我激赏他无拘无束的创造力，似乎任何普通的物件到了他手里都变成你绝对想不到的东西。这源于他无尽的好奇心，孩子般寻根究底的精神。这本是优秀的科学家特有的宝贵品质，可惜在现今过于功利的科学界已很难见到这样纯粹的好奇心了。他的话对我有魔力，尖锐如刀刃，夯实如锤斧，任何话都会印刻在我意识中，让我坚信不疑。我很长一段时间说不出为什么会如此。后来我意识到他有这样的魔力是因为这是一个极本色的人。本色的人不会说假话。我看到他的厨艺表演时，他已名满天下，但他没有任何被声名所累的样子。他所做所说的都不是为了让自己看起来高明，而就是他想说想做的。没有对过往的负担，也没有对未来的铺垫。他的喜怒哀乐像个孩子一样的真实。这世上，能人很多，本色的人少之又少，而本色的能人，我只见过 David Chang 这一个。

既然这么喜欢他，他的餐馆是一定要去的。Momofuku 大部分店在纽约，我访问的第一家是它位于东村的面馆。那是一个七月天，闷热极了，叫了车从曼哈顿到东村，路程本来不太远，但遇到修路，车只能蜗牛样爬行。车里没有空调，开着车窗，还是汗水淋淋，这样的天气去打车吃热腾腾的面的确不合时宜。但是只要和 David Chang 连在一起的事怎么做都不会不合时宜。到了东村，发现完全不必寻找，Momofuku 门口人头攒簇。小小的透明玻璃门几乎被淹没。我终于看到了门上心仪已久的幸运桃子：橙色的圆圆笑脸，顶着两弯苍翠的柳叶眉。喜爱艺术的我对饭店的装潢氛围以及饰物一向很敏感，因为那本身就是美食艺术体验的一部分。但对 Momofuku，我却像瞎了一样，坐在面馆里很长时间，对屋里的装饰却熟视无睹。我根本就没去注意它们，或者说一点儿也不在意，只要是 David Chang 做的菜，可以在任何荒郊野地里吃。我周围坐满了人，各色各样的人，有意思的是，我和他们偶然目光相遇时，都会有一丝心照不宣的的微笑：他们和我一样，慕名而来，脑袋里满是"David Chang"。

菜单很短，其实可能都不需要菜单，因为来这里就是来吃面和烧肉夹馍的。面先端了上来，看似平常，像极了日式拉面。喝了一口汤，感觉丰富异常，绝不是日式拉面的味道，肉的醇厚，鸡的鲜香，海的腥咸，葱的嫩甜，但这些味道就像在梦境里一样，似是非是，一闪而过。更有意思的是这汤底明明是用水煮的，却像是用火烧成的，汤里有浓浓的火的味道。后来才知道，汤里用了烤过的猪骨头，又是对传统方法的颠覆。烧肉夹馍更是精彩，棉花般蓬松白嫩的荷叶夹饼，冒着热气，里面夹着一指宽的烤猪五花肉，极酥脆的外皮下，肥瘦相间，入口即化，配着腌黄瓜、香草，和一种海鲜酱，一口下去，香、甜、鲜、辣、脆、酸，还有说不出名字的味道，如一道彩虹在味道的天空绽放，然后，所有这些味道都融合在一起，融合成一个香软鲜糯的云团，漂游缭绕，散发出一层又一层香雾，延绵不断，真是人间至味。这个烧肉夹馍不光好吃，简直就是"new school"的典型作品：荷叶夹饼来自中餐，海鲜酱和腌黄瓜从韩国餐得到灵感，烧肉是法式做法，用"拿来主义"的方法放在一起，一个前所未有的美食便诞生了。

从饭店出来，挤出人群，才静下来仔细看看周围。即使在如今城市面貌大好的纽约，东村也还远没有曼哈顿整齐，小小的晶亮的铺面嵌在鱼龙混杂的老街，像一株顶着露珠的鲜嫩苞芽。别看这个面馆小，它可是 David Chang 的发祥地。David Chang 的经历和他的餐馆一样无法归类。没有任何一点儿扣人心弦的励志味道。他生于弗吉尼亚的一个朝鲜移民的家庭，父亲开过餐馆，后来改作高尔夫球场生意。像许多当代名厨的父亲一样，他对 David Chang 唯一的要求就是"你什么都可以干，就是不能成为厨师"。David Chang 并没有扼住命运的喉咙，不顾家人的反对，立志成为名厨。事实上，他那时根本就不知道要干什么。所以他上了大学，主攻宗教学。当然他对宗教学也没多大兴趣。毕业后，实在受不了办公室朝九晚五的生活，跑到日本教英文，发现自己语言能力很差，根本就干不下去。但从小爱吃面的他迷上了日本拉面。这才让他觉得也许应该做个厨师，于是，他上了烹饪学校，但只呆了六个月，随后又在纽约的几家顶级的餐馆学艺，但每个地方呆的时间都很短。直到有一天他又不知道应该干什么的时候，决定自己开个小面馆。就是这家在东区的面馆。短短几年

和鸡砖一样美味的特味熏鸭

时间，"幸运桃子"开支散叶，变成了好几个各有特色的餐馆，也为 David Chang 赢得了 James Beard Award, 美国饮食界的最高奖。

在纽约的停留总是短暂的，很快我便回了加州，下次去 Momofuku 就不知是什么时候了。没想到，次年初春到纽约开会，晚上在曼哈顿闲逛，寒风中竟看到了那颗"幸运桃子"。它比东区的面馆可大多了，也豪华多了，但是还是简洁，写意，原木桌椅，素色布幔，点到为止的灯火烛光，似乎只想几笔画出一个氛围，而不让人对任何细节留意。

那晚的菜肴道道新奇有趣，十足的 David Chang 风格。炸鸡最是特别，炸鸡是最普通的菜，要它其实是想看看究竟能变出什么花样。菜很简单，暗白的大盘子里，炸得金黄的鸡腿，切成三个大块，零星地点缀者几个翠绿的嫩豌豆。一尝，似乎没有任何调味，但鸡肉鲜香，其实也不能说鲜香，只是鸡原本的特别好吃的味道。又咬了一口，觉得有些奇怪，我应该是吃的一个鸡腿，但里面却实实在在是鸡胸，再吃了一口，又有鸡翅，这到底是什么呢？问了才知道原来这不是一个普通的鸡腿，而是叫作做"鸡砖"。那就是将半只鸡去骨，只留鸡腿最后一根骨头，然后将所有无骨的部分塞在鸡腿里，用一种粘肉剂黏在一起，抹上些许的盐过夜，就成了鸡砖。这些部位我当然都吃过，但绝没有在同一口里吃到过这些个部位。现在才知道这真是绝妙的体验。因为这三个部位的口感味道各不相同，就像同时品鉴了一种颜色的三种不同色调。把一个食材的原味用如此奇特的方法呈现出来，高妙无比。这么刁钻的方法也只有 David Chang 想得出来。

人的一生就像走路，走到岔路口时遇到的人对你影响最大。对我来说，David Chang 就是这样一个人。我遇到他时，正因为健康的原因 juicing，每天饮用大量用新鲜的水果蔬菜榨出的汁。这当然让我的健康得到了极大的改善，但有一个意想不到的效果是我的舌头变得特别敏感，渴望品尝食料的原味，就是未被烹煮前的味道。这样，一出娘胎就跟随我的"中国胃"消失了。可是传统的西餐同样陈腻滞重。"new school" 活泼新颖的烹饪理念一下子就吸引了我，看到 David Chang 后，更是让我着迷。我从此刻苦学习"new school cooking"，David Chang 成了我从未谋面的师傅。

学习起来就知道，说起来容易，做起来并不容易，"new school" 不再依赖菜谱，追求的是 "flavor building"："搭建味道"，说穿了，就是把各样食材调料的味道当成各种色度的颜色，然后用它们画成一幅画。这对天才画家当然是极好的舞台，但对于一个生手却不容易。我一旦喜欢一样东西，就会达到疯魔的地步，随后的几年我去了无数 "new school" 风格的饭店，小到一间门脸，大到米其林星级厨房。每吃一道菜，总会反复地想：这个菜为什么这样做呢？当然，回家反复地练习。我还看了能看到的关于"new school"名厨们的书，直到有一天我发现家里的厨艺类书籍已放满了两个靠墙的大书柜。可是，我好像还是在夜里行走，前面黑黢黢的，有时好像摸到了点儿门道，周围一片光亮，但很快，光亮就过去了。

我永远也忘不了 Napa 酒乡的一个深秋的早上，天气很冷，葡萄园里的葡萄叶都是深红色，在柔和的朝阳下，闪动着金属的光泽。街上一家连一家的饭店酒馆，本应该人声鼎沸，热闹非凡，可是在清晨却寂静无声，只有我和先生两个人在街上漫步。饭店几乎都关着门，橱窗里摆着菜单。这是"new school"的风格，菜单从来不长，而且都有明确的解释。我不由自主地一家又一家地看过去，仔细琢磨着，越看越明白了所以然，脑子里的碎片突然连结了起来。然后，我抓住先生大喊了一声："我能用味道思考了"！他没听懂，惊异地看着我，以为我疯了。我可能真疯了，连我自己都说不出来这句话的意思，但我知道，从此以后，我能用味道的颜色作画了。

常说人生最快乐的事是"洞房花烛夜，金榜题名时"。我却觉得是"顿悟的瞬间"。那种从无到有，从暗到明的飞跃真是太激动人心了。它可以发生在三岁，也可以发生在三十岁，还可能发生在三百岁，如果我们能活那么长的话。在那一刻，我们都脱掉了社会的外壳，赤身裸体，奔跑在雷鸣电闪的原野上，成了名副其实的万物之灵。

写到这里，我突然特别想做饭。到厨房看看有什么食材。有四分之一个南瓜，还有冻着的两三个龙虾尾巴，和些许煮熟的蟹肉。南瓜甜，正好来配海味的咸。先把龙虾化冻后在滚水里煮一分钟，然后放入冰水，将虾肉拨出。用虾壳煮一小锅龙虾高汤。南瓜蒸熟，取泥，捣碎，洋葱切碎炒香，加奶油、牛奶、龙虾高汤、南瓜泥、盐，胡椒，煮了十几分钟，又香又甜，味道不错。还得有些酸味这菜才有精神。对了，院里摘个新鲜的柠檬，加些柠檬汁，又加些西红柿酱。加多少呢？就加到酸味刚隐隐地出来，但还基本察觉不到的时候。然后，用搅拌器打成汤泥，放在碗里。尝一口，甜里含香，带着些微的酸咸，好丰富的味道。这时将龙虾和蟹肉蒸熟，放在汤上。金黄的汤托着彤红的龙虾，好俊的菜。这菜还缺点儿画龙点睛的东西，加点儿什么呢？院子里鼠尾草长得不错，但是直接加，味道会太冲。那就把它炸酥，这样香味缓和了许多，而且给这到菜加了酥香。最后，再加几丝柠檬的皮，一道层次丰富的菜就好了。

还有另外的做法，龙虾肉拨出后还是生的，可以切段酥炸，做成日式的 tempura，然后放在南瓜汤上。龙虾 tempura 外酥里嫩，的确效果更好。只是不应再放炸鼠尾草，应该放柠檬香叶，没有的话，香叶也可以。对了，还有用糖和白醋腌好的红皮小萝卜，切一两片放在龙虾旁边，效果也一定不错。

其实，还可以有更高雅的版本，全素版本。用南瓜的花，里面塞上奶酪。这奶酪应该用两种，一种味道平淡，像打个底色，ricotta 就可以。另外一种一定要有一种尖锐的咸，这样才能映衬南瓜汤的甜，可以考虑 aged cheddar，甚至，上等的 blue cheese。然后，挂糊酥炸。淡黄的炸南瓜花放在金黄的南瓜浓汤上，太优雅了。我一定要给它取个名字，就叫"秋之金"吧。我要把这些菜都献给我的老师，最后致敬那颗幸运桃子。

第六章 空蝉雅韵
——BENU
新美国风，世界最好50个餐厅之一

烟尘下做梦的美玉，迷一般的空灵随性，禅斋雅庐，书墨馨香，醉人的和弦，原乡，世界

还是那暖光，水一样的柔和，躲在巨大的四方隔洞后。旁边，黑色的梁柱和它们的影子，或直，或斜，风错云叠，轻灵峻拔，像是用墨泼绘而成，而且只画了绝对必需的笔画，没有多余。几个大架子，好像也是黑色，但细看又像是灰色。摆着一些杯盏鼎罐的食器。它们都是同样的颜色，像是牙白色，但又透着极淡的豆青，如一朵朵雨中的白玉兰绽放在骏黑的枝条上，艳美非凡。但那艳美是白梅立雪，素云当空的艳美，洁雅清俊。那些食器也极精妙，线条简单圆润，单个来看，似乎不出奇，也就是些杯盘碗盏，但仔细看就知道它们一点儿没有匠气，绝不是大批生产出来的，每个的线条都有个性，放在一起，空灵随意的韵味，满满的山林野趣，让人想到春光里的树芽，清溪里的石头。

一枚无花果，淡绿的皮，水红的心，柔软温热，它刚从树上被摘下来，新鲜的蒂把流淌着雪白的乳汁。新鲜的水果怎么会是温热的呢？当然，因为它浸透了北加州 Napa Valley 夏日正午慷慨的阳光。将它托在手上，不会觉得这是一枚水果，而是一颗阳光般跳动的绿色心脏。太阳最红，可我相信染绿了山川旷野的阳光一定有一颗绿色的心。它被托在一个美丽的手掌上，粉里透白，娇艳如雨后的杏花，只有美丽的女子才会有；骨节粗壮，能揉石攒铁，只有壮年的男子才会有。这是一双什么人的手呢？它的主人是一位东方少年，无比的英俊，所有古书上对美男子的形容好像都是为他设计的，面容似桃花，如冠玉，明眉俊目，灿若朗星。他一身白衣，站在一棵无花果树下，呆呆地凝视着远方，就像一块在正午的烟尘下做梦的美玉，连无花果树在他身边都有了仙气。这少年气质沉静，那沉静并不只是安静，而有着知书守礼的内蕴，这让他好似一位来自古代的儒生士子。他俊美的眉宇间藏着很多心事，很内敛地藏着，如含满了雨的云。无边无际的葡萄叶肆意翻卷着阳光，波光潋滟，将正午带入半睡半醒之中。猛然，一群纸折般见棱见角的飞鸟划过田野，利箭般的惊心动魄。

　　三年后，我看到了一本书，还没打开，就被它迷上了。它硬质的封面怎么看都像一片古瓷，温润含蓄，含蓄到似是而非的地步，好像是淡极的灰，但暗含的暖意又像乌了的奶油色。封面唯一的装饰是一个放射状的压痕，很随意，是星月四射的光芒，是盛放的花朵，还是细小的水涡，不论是什么，它都如梦似影，费力才能猜出来。奇怪的是，猜出来后，停不下来，忍不住还接着猜。看着它，我只想到两个字"禅意"。"禅意"可是现在随处可见的词，尽管谁也说不出它的明确定义。它本是佛家术语，指空灵安宁的心，或意境。后来可能被泛指一切能产生这种境界的东西：建筑、氛围、设计、清玩、书画等。它总是和简洁、流畅、素雅、自然联系在一起。但说到底，还是得有空远随意的真味，才能有禅意。这是东方文化追求的至高境界，也是中国和日本文化的神髓。有意思的是尽管它现在几乎被人用滥，真正有禅意的地方却极难找。深山古刹自然应该禅房花木深。但现在旅游业异常发达，深山已不再悠远寂静。禅房外一定熙熙攘攘。就连僧人也像商人。但这本书却极有禅意，一种谜一般的空灵随性，这一定是一本有关东方艺术的书。打开一读才知道，竟是一本关于烹饪的书，说的是 Corey Lee 在旧金山的饭店——Benu。它的主角 Corey Lee 就是那个手捧无花果的美少年。

　　说他是少年也许不准确，当他在 Napa Valley 的正午凝视远方的时候，已年近三十。而那棵无花果树的不远处便是闻名世界的饭店——"French Laundry"，世界名厨 Thomas Keller 的大本营。Corey Lee 二十出头就来到"French Laundry"，从普通的学徒一直做到主厨，已成长为一名顶尖的厨师。他就像赶路的人，一路向前，披荆斩棘，翻过了一座又一座山，最后走到一个山顶，眼前风景无限，脚下却没有路了，因为以后的路必须自己开辟，创出一番专属于 Corey Lee 的美食艺术。但这又谈何容易，一棵参天大树旁边很难再长出一棵参天大树。从师 Thomas Keller 多年，师傅的神髓学到了，自己也变成了另一个师傅，怎样找回自己独特的声音呢？于是就有了那个 Napa Valley 正午的心事满腹，后来就有了 Benu。

　　我访问 Benu 时，它已是一个米其林三星的饭店，坐落在旧金山的现代艺术博物馆身后一个僻静的巷子里。巷子旧了，老了，羞怯怯地躲在喧闹的灯红酒绿之间，只有一段瓦红的新砖墙新鲜醒目，如老树上的一丛新枝，静静地迎着旧金山夏夜特有的冷风，据说那是世界上最冷的夏风。红墙的一端有一个门，不显眼，上方有个同样不大显眼的金属字"Benu"。从来饭店都是张灯结彩，高调迎客。这个饭店却如此隐蔽低调，像山野里的一座石洞。仿佛一切随意，来，是缘，去，亦是缘。走进门，还是静悄悄的。一个院落，小，简单，却极写意。明明脚踏在院子里，却觉得它并不是真实存在的，而是画上去的。地上仿佛画了些方块，大小划一，但错开排列，而且以很随意的方式，如一组几何音乐，变幻着韵律，又仿佛是一幅清俊高冷的抽象画。且慢，这画应该并不高冷，因为院里种着枫树，一人高，明黄艳绿的枝叶，暖人眼目，旁边是八个硕大的腌菜坛子，闪着黑红色的釉光，如此的烟火色彩！这是什么地方，农家小院吗？但这里仿佛一个虚拟的艺术世界。艺术馆吗？可它明明摆着灶间的柴米油盐。但我知道，一踏进这院落，外边的世界便不存在了，这亦虚亦实的世界让再俚俗的东西也蒙上了诗画意境。主宰它的是清风润雨，紫烟赤日。

饭店写意的小院

这时，一团光亮吸引了我，它从一排中式花窗里透出，连环方胜样的花边让那窗像一张硕大的剪纸，絮叨着久远的故事。光是幽幽的橙黄色，似月光，却比月光温暖，似火焰，却比火焰柔和。那是赶路人的心里"家"的光亮。让人想到"柴门闻犬吠，风雪夜归人"。我迎着那光亮，走进了一扇门。

还是那道暖光，水一样的柔和，躲在巨大的四方隔洞后。旁边，黑色的梁柱和它们的影子，或直，或斜，风错云叠，轻灵峻拔，像是用墨泼绘而成，而且只画了绝对必需的笔画，没有多余。几个大架子，好像也是黑色，但细看又像是灰色。摆着一些杯盏鼎罐的食器。它们都是同样的颜色，像是牙白色，但又透着极淡的豆青，如一朵朵雨中的白玉兰绽放在黢黑的枝条上，艳美非凡。但那艳美是白梅立雪，素云当空的艳美，洁雅清竣。那些食器也极精妙，线条简单圆润，单个来看，似乎不出奇，也就是些杯盘碗盏，但仔细看就知道它们一点儿没有匠气，绝不是大批生产的，每个线条都有个性，放在一起，空灵随意的韵味，满满的山林野趣，让人想到春光里的树芽，清溪里的石头。

在门外，我说不清是在什么地方，在门内，我同样说不清是在什么地方。它满满的东方情调，但不是中国风，不是日本风，也不是韩国风，却是这些风韵的神髓精魄。它是一个饭店的大堂吗？不可能，它太清雅了，像一个禅斋雅庐，飘着淡淡的书香墨香。也许更像一幅水墨画，黑、白、灰、方、圆、点、线将空间勾出各样的样态，同时又留出大量的空白，让想象徜徉其间。这时我的沉思被一位黑衣美人打断了，她带我来到一个长条的木桌旁落座，摆好了餐具，送来了菜单。说到底这还是一个饭店——Benu 的宴客堂。

访问 Benu 前，我已访问过多家米其林饭店，包括 Thomas Keller 的饭店。我最感兴趣的问题是"What's new here"。这里的美食有什么新颖的创意呢？在一个饭店寻找"创意"合适吗？在一个米其林三星的饭店绝对合适。米其林三星的体验绝对不只是精美的食物，绝佳的味道，上乘的服务。它是一个艺术体验，只是以食物做载体，远远超出美味与否。它和一个精妙的艺术展没有什么区别。而任何艺术最关键的就是新颖独特，与前人不同。

晚宴开始了，还是十几道菜的"tasting menu"。先从几道小食开始。一只有着轻微褶皱的金盘，上面托一枚玉润珠圆的小盒子，就像一枚夜明珠躺在一个金色的贝壳上。打开盒子，是黑色的鱼子酱，雪白的味沫，还有些许的碎金叶。一把小巧的勺子，不是瓷的，也不是金属的，而是玳瑁做的。鱼子酱是极昂贵的食材，在这里被披了金，冠了玉，又用玳瑁勺子享用，太奢华了，它让我变成了神仙，餐云饮露，依星伴月。尝了一口，清凉，甘腴，不知用了什么味沫，鱼子酱特有的海鲜味还在，但好像圆润了，甘爽了，而且释放出另一种淡淡的鲜味，像一只花苞，慢慢开放，散出花香。这道菜虽小，但一切都无可挑剔，以优雅低调的方式不露痕迹地展现出极致的奢华，是法式奢华的经典，Thomas Keller 的高徒果真名不虚传。

后面的菜同样精美，一个折成燕子形状的墨西哥小卷饼，薄得透明的面皮（米皮），里面裹着香煎的松茸和叫不上名字的香草苗。清香满口，并不是寻常的菜香，而是有些涩味的青草香，但正是那恰到好处的涩味让人欲罢不能，仿佛将春雨后的芳野含在了口中。一个小盅里看似平常的土豆泥球，尝起来却鲜且香糯，像包着层层味道的云彩在舌尖化开。此时的我早已忘了问"What's new here"，随着厨艺大师的节拍，完全沉浸在这个用味道和颜色谱写的乐曲里，钢琴，小提琴，大提琴，配合得完美无缺，奏出一个个令人迷醉的和弦。

突然，和弦音色变了。西洋交响乐里突然响起了东方的乐声。一个白色的盏，乳黄的酱汁里躺着一个褐色透着深绿花纹的蛋，它很

小，半透明的椭圆形，在灯下像一枚杂花宝石。原来竟是松花蛋，真是松花蛋，用鹌鹑蛋腌制的。松花蛋可是在西方臭名昭著的食物。它被叫作千年蛋，据说被腌制了千年，光听到这方法就很吓人，加上它奇怪的颜色和味道，更是让人闻风怯步。Corey Lee 竟然敢把千年蛋用到他米其林三星的饭店，真是太大胆了。蛋的味道很地道，没有被淡化，异化。酱汁有着淡淡的姜味，像纤手剥开了味道的壳，松花蛋特有的香味渐渐散出，浓郁甘绵，回转不绝，如夜晚越积越浓的雾。从小就吃松花蛋，竟不知它能如此美味！想起来过去多用酱油和醋调味，大咸大酸的调料实际捆绑了松花蛋的真味。没想到法国厨房里出来的 Corey Lee 是它的解人，放飞了它的真味。

一个精美别致的雪白瓷架上站着两只暗白的小鸟，如一缕琴声的两个淡淡的回音。原来是两个小笼包。小笼包我可不陌生，蟹粉，南翔……还能变出什么花样呢？小笼包的皮极薄，韧而软。馅却是龙虾肉的，粉白娇红，艳似珊瑚，绵似雪，香胜脂，却一点不浊腻；泉水一样的清透，淡淡的乳香，影子般若隐若现。问了侍者才知道这是加了清制过的黄油的。清制黄油龙虾小笼包，真是妙手妙思。没想到这道家常美食能华丽转身，得如此仙风俊骨。

正在回味的时候，一枚鲍鱼又端上来了，又是极简的装饰，只顶着一缕暗色海草，躺在反扣着的鲍壳上，暗红的鲍壳星斑月驳，神秘沧桑，仿佛洪荒初始的大洋被浓缩在这尺寸之间。鲍鱼在西餐馆里不大常见，有时遇到，也是鲜鲍鱼，烤，煎，或生拌。这里的鲍鱼却是干鲍鱼泡发后，用鲜汤炖煨的，地道的粤菜做法。但不同的是它并不是泡在汤里，而是裹着酱汁。吃一口，鲜里竟藏着酸，然后又有一种别样的浓缩了的味道满满释放，像刚滚的雪水里新泡的茶。酸有些让人意想不到，却用得妙。泡发炖制的鲍鱼本身有一种特有的香味，似鲜却又非鲜，如果调味太多鲜咸，会遮了这本味。这略带酸味的酱汁却能让这本有的香味如明烛下的宝珠熠熠生辉。

又一道菜来了，小小的白瓷盂里雪里映粉的一片，如初绽的花瓣，上面几簇葱绿的嫩芽，好一幅早春秀野图。原来是田鸡腿，又是一道粤菜，可是从来没想到这道菜能如此风雅玲珑。当然它不只秀于外观，还更秀于味道。田鸡的骨头都去掉了，只留下雪白的肉，嫩而香，雪片般绵软，但极入味。配菜点到为止：些许辛辣里透着甘甜的韭黄，两三朵芹菜的芽苗。每个食材味道似乎都柔和冲淡，却又个性迥然。如一年最早的那抹春色，看上去淡如烟，但给人的惊喜却明似霞。

此时，酒已半酣，宴已过半，美食让人回味，更引人沉思。这是一个什么餐馆呢？它无可挑剔的精致、严谨到处都有法式烹饪的影子。但法国菜里绝没有松花蛋。晚宴的许多菜从食材到方法都是东方特有的，可它又绝不像我吃过的任何中餐，不是传统原乡的，更不是所谓西式的。它不是借用了东方的元素，也并不只是味与形的新巧精致，而是直达东方的意韵神髓，如将一堆沙砾升华成了一枚水晶。它是那么安静，简洁空灵的安静。小院是安静的，大堂是安静的，连灯光都温和静谧。菜品是安静的，没有大红大绿的浓墨重彩，寥寥几笔的淡色，却清明鲜锐。味道是安静的，原汁本味的含蓄细腻，却余韵悠扬。它让人想到一缕泼洒的水墨，一片月下的树影，一波春水的涟漪。记得回家后，我曾按 Benu 书里的菜谱做过一道茶香鸡。白里透粉的鸡肉，摆在一个白瓷盘里，只放了一朵浅黄的花，不敢有其他的装饰。看起来很有 Benu 的风格。但再看一眼，就不大对劲，盘子太白，灯光太亮，不远处墙上的画太艳，连茶香鸡这个名字都太俗。一切的一切都太喧闹，没了 Benu 的那份禅意的安静。那份安静在现今的世界里难悟，难寻，难得。能营造这份安静的必定有着深厚的东方文化修养。不可思议的是，它却来自在西方长大，出自法国厨房的 Corey Lee。

这东方神髓正是 Corey Lee 找到的独特的声音。他在韩国出生，幼年随父亲移居美国。父亲是韩国公司驻美分公司的经理人，要求家人融入主流，不许混迹于韩国社区。Corey Lee 遵从父亲的教导，过着主流的西式生活。"东方"这个词在他的生活里就像一个记忆深处的模糊影像。直到他苦苦思索创建专属 Corey Lee 的美食艺术时，才突然悟到那些让他独一无二的东西就在这些记忆里。这影像从沉睡中苏醒，越来越清晰，飞花簌雨般地醒目惊神。他记得小时候有一段时间全家曾挤在一一个小公寓里，床与冰箱毗邻，睡梦里常被一种浓烈的、特别的味道唤醒，那是母亲做的朝鲜辣白菜的味道。那味道应该对他来说很熟悉，因为那是精于烹饪的母亲做饭时最常用的，但它却总像是被错放在他的世界里的，因为它在他的主流生活里没有位置，如从极遥远的地方随风飘来的一丛蒿草，无根无绊，无所适从，命定被人忽视。他一直对它视而不见，现在知道这些西方厨房从来不碰的东西正是埋在地下的美食宝藏。他有幸知道这些宝藏，现在要用他顶尖的厨艺将它挖掘出来，让世人惊艳。

这宝藏的单子是从母亲的味道开始的，首先是腌制的辣白菜，各样的韩式豆酱，于是就有了Benu庭院里的巨大瓷缸。然后是幼年远足时母亲喜爱采拾的银杏果，橡子，还有母亲用来炖汤的人参。但单子很快越来越长：松花蛋、鲍鱼干、田鸡、鳝鱼、海参、银耳、干贝、小笼包……Corey Lee 知道这些东西虽然已经在东方的厨房里烹煮了上百年，但他不能照搬这些做法。他需要将它们打磨，精制，升华，用现代厨艺的至精至美来展示它的雅韵神髓。他用现代的发酵发法制出了更纯更鲜的豆酱。他将人参做成黄油和蜜来配新出炉的面包。他花了两年的时间研究松花蛋的腌制方法，终于去除了松花蛋恼人的苦涩味。为了找出小笼包的最佳配方，他几乎吃遍了全球各地的小笼包，失败了上百次。为寻找最好的鲍鱼干，他从旧金山的唐人街一直寻到日本的北海道。这些心血没有白费，这些宝藏都在他的魔棒下变成了Benu的一道道精馔美肴，为他赢得了米其林三星，也让他成为厨艺界一棵与众不同的大树。

　　我们生活在一个寰球越来越小的时代。我们的祖辈在一个村庄生活一世，而我们的生活轨迹则可以跨越五大洲，八大洋。在这个时代，我们都从原乡的窠臼走出来，拥抱了世界。又在世界的洪流中寻找着那个独特的自我。在这寻找中，我们会惊异地发现可能正是那个成为记忆的原乡让我们独一无二的。而这寻找本身就用世界赞颂了原乡，又用原乡丰富了世界。

新学风格，融合

第七章 洛城之子

——ROY CUI

钻石，泡菜，父母，烧烤与卷饼，无家可归的不眠之夜

后面的海胆饭盛在一个铁锅里，金黄的海胆躺在金黄的饭上，金灿灿的一片，灿烂到忧伤。生海胆鲜，腴。甘，日本风味，饭酸，辣，香，墨西哥风味，它们就像味道里两个不同版本的金黄，相辅相成，将灿烂发挥到极致。

那味道让人上瘾，欲罢不能，一转眼，海胆饭就一颗也不剩了。人都有一个原乡，原乡的味道是你在梦里都会闻到的味道。你做的菜会不自觉地有它的味道。可Roy仿佛有两个原乡，韩国和墨西哥，就像他在两个家里同时长大。

LA downtown 是我以前一直不大敢去的地方。并不是因为 LA 格外可怕，而是所有大城市的 downtown 我以前都不大敢去。我来美国留学的时候是九十年代。那时美国许多大城市的 downtown 可以说满目疮痍。墙上是古怪的涂鸦，地上是脏污的斑垢。街上突然会飘来尿味。更可怕的是毒贩出没，劫案频发。Downtown 是一个城市的中心和脸面。到底为什么一个世界强国让它的 downtown 变成了这个样子，我孤陋寡闻，始终没弄清它确切的前因后果。我只觉得这荒谬得不可思议。但是美国很多事就真能那么荒谬。要说 LA downtown 有什么特殊可怕的地方，我想就是它的塞西尔旅馆了。一百年多前，一个女演员在这里以极诡异的方式被残杀，成为著名的"黑大丽花"案件。一百年多年后，一个名叫兰可儿的女孩在此过夜，又莫名其妙地陈尸于顶楼的水塔。总之，这种成为悬疑小说绝佳素材的通灵凶险之地，散发着经年聚累发酵的恐怖气味，连它周围的草木都弥漫着黑气。不用去，我连想到它都害怕。

可 LA downtown 到底还是去了，是在母亲的建议和坚持下。那时她还在世，一定要看看LA市中心的市容，还有那里的老中国城，反复说，反复讲，最后她不讲的时候，感觉那声音都在头顶旋绕，随时会冲下来。只好去了。去了之后发现，情形远没那么糟。老中国城名副其实地老了，年轻人不多，街上即使在热闹的时候都有些精神不济。也难怪，LA 因为大陆来的大量新移民，早已有了两个蓬勃发展的新中国城。商家，顾客和黑社会全都到了那里，留在 downtown 的都是一些过气的老弱，估计祸害人都有气无力的，让人不禁感叹岁月时运的厉害。但就在这老旧脏乱的地方，我却看到一个相当独特的餐馆，它全身上下都怪。怪到尽管它没开门，我都不由自主地凑上去探个究竟。它无比的小，小得像个耳朵眼。因为小，里面没有寻常的桌椅，只有沿窗窄窄的吧台和高高的圆凳。这么小，却精心装饰过，精心到好像那装饰本来就是店的一部分，并没有特意装饰。那些装饰绝不是中国城能有的品位，倒很有些 LA 都市当代艺术的味道。黑红黄的底色，报纸的剪贴密密麻麻盖在墙上。透过窗子可以影影绰绰地看到菜单，还是怪，美国菜的形，墨西哥菜的影，韩国菜的味，都有，但都不是。看来是个极前卫的餐馆。可它对面是一家大且旧的中国超市，旁边是一家门楣的漆已掉得斑驳陆离的潮州粿条店，门口是一个出售来自中国的廉价玩具的花花绿绿的乌旧推车，一个大婶坐在旁边，正一边从她带的饭盒里舀着饭吃，一边招呼游客。在这样一个土得掉渣的地方有这样一个前卫的餐馆，好像老天为了和中国城找别扭，特意把它错放在这的。再细看剪报，发现这是 Roy Choi 的餐馆，有不少来自明星及厨师的赞誉。

  Roy Choi 到底是谁呢？拥有这样一个餐馆的人一定有着不俗的经历。了解了一些他的故事后才知道，他的确是一位奇人，少年时期他最常光顾的地方就是 LA downtown，几乎每个星期都来。那时他刚十多岁。那时的 LA downtown 正值壮年，火力十足的危险。来的时候总是父母和他一家三口。一早从居住的韩国城开车到 downtown。找个隐蔽的地方停好车。然后父母和他就分开了，临分手，父亲总会再特意看他一眼，那一瞥对他来说比世上最重的东西都重，让他每个汗毛都警醒着。他们都往 downtown 的同一个方向走，但却故意拉开距离。父母一会儿就不见了。他不紧不慢地走着，漫无目的，闲逛似的，心里却一尺尺度量着离目的地的距离。终于，到了一个有着钟楼的恢宏建筑，一下子闪进铁门，直奔二楼。父母已在一间办公室的门口等着他，神情严肃安静，但脚下却不自觉地踏着焦急的步态。他马上打开外衣，母亲极其娴熟地从外衣内层里掏出一个捆扎严实的小包，和父亲迅速走进了那间办公室。他一下瘫坐在门外的椅子上，感到浑身冰凉，原来早被汗水浸透了。那个小包里是上等的钻石，那是父母全部身家再加上四处借贷换来的，必需带到 downtown 一家店加工成首饰才能卖钱。他刚才带着它们走过劫案频发的 downtown，就像捧着一家三口的性命走过刀丛一样。就这样，他每星期都在这刀丛里走一回。

　　让一个小孩承担如此大任，实在太匪夷所思。但这却是唯一可行的方法。一个大人无论如何也不能保证在 LA downtown 不被抢，但一个闲逛的小孩却不大会被盯上。这是母亲绞尽脑汁想出来的办法。委以他这样的重任，似乎也顺理成章，作为家里唯一的儿子，他是家庭的未来。父母起早贪黑担惊受怕都是为了他。襁褓中他就随父母从南韩移民到了LA。当时经历了二战和韩战，韩国政治动荡，谋生不易。他的啼声让父亲下定了闯荡异国的决心。来到美国，新移民还是谋生不易。但父亲有办法，靠亲友起会，开了一家酒吧。父亲善饮，好客，酒吧很快红火起来，客人络绎不绝。但不久就发现，许多人赊账，很难赚到钱，只好关了，第一个生意就这样还没完全开始就结束了。此后，父亲很消沉了一阵，每天泡在酒杯里。母亲这时撑起了一片天，厨艺精湛的她开了一个小饭馆，一开张，很多人慕名而来，全家又打起了精神，但这次饭馆的位置有些偏远，租金便宜，但周围的治安不大好，后来竟越来越差，没人敢来，只好又关了。这次，父母同时泡在了酒杯里。就在无路可走的时候，经济好了起来，周围富裕的人像雨后的芽不断冒出来。母亲立刻嗅到了商机，扔掉了酒杯，做起了珠宝生意，于是就有了全家每星期的 downtown 之行。这可是刀头舔血的生意，一家人却不在乎，而且喜在心头，因为生意越做越好。希望就像家门口盛开的天堂鸟，吹着明媚的号角，让家里家外都熠熠生辉，连烟尘都晶晶闪亮，戴着七彩光环，那是梦想之光：全家人很快就会跻身富人之列，Roy 会受到最好的教育，成为法官，名医，社会名流，总之，让众人仰慕的精英。回家后，母亲总会做一桌丰盛的饭菜慰劳大家：辣泡菜，腌鱿鱼，烤牛肉，人参鸡。什么东西经过母亲的手都变成了珍馐，没人能做出母亲的那种味道。它至甘至美，让邻里艳羡，让游子期盼，是 Roy 的骄傲。Roy 那时不知道，不远的将来，正是这味道让他的未来在光明大道上打了个急转弯。

再看到 Roy 的餐馆已是几年之后，不是在 LA，竟是在 Las Vegas。那年到 Las Vegas 度假，发现了一家新开的餐馆——"Best Friend"，"至友"，好怪的名字。打算一访，可需要定位，而且很难定，反复找，才订到几天后晚上九点的时段。Las Vegas 可是一个名厨汇集，群星璀璨的地方。这么抢手的饭店一定是一颗冉冉升起的新星。而在这个地方能闪光，必是艺压群芳，仔细一看，原来是 Roy Choi 的餐馆！

餐馆还是怪。门大敞着，大字招牌"Best Friend"生硬的黄底上严肃的黑字，像发表一个沉重的公告。斜下角，窗上的霓虹灯却是粉红色，闪着暧昧的召唤"Is your heart where it needs to be?"——"你的心在它的所属吗？"门里，竟是个杂货店，四面的墙是顶天立地的架子，摆满了林林总总的货物，像密密的一层花绿的昆虫。那些货物可不高雅时尚，都是下里巴人的日用杂物：Campbell 罐装汤、方便面、番茄酱、韩国辣条、苏打、酱油、料酒、亚洲巧克力饼干、辣酱，等等，一个靠着一个。这些东西如果分门别类地摆放，倒像个杂货店。可这样摆法更像是对一个时期杂货的致敬或纪念，甚至是对一个时期的纪念，人就像置身于后现代艺术馆里一件巨型的前卫展品中。果然，大厅里著名的 Rodney King 事件的照片，LA 骚乱的报道，九十年代的新闻剪报，Compton rapper 的黑人音乐，将时间凝结在 LA 的九十年代。

可是，在哪里吃饭呢？原来大红塑料隔帘后是一个更大的厅，这才是它的饭堂。菜单竟写成同学纪念册的样子，插了不少高中的狐朋狗友欢聚的照片，难怪叫"Best Friend"。选了几个菜，道道出色，这倒也并不出人意料，从"Best Friend"受欢迎的程度就知道 Roy Choi 不凡的厨艺。但让人难忘的是它们都出色得另类，出色在让人想不到的地方。记得先上来的是几碟韩国泡菜，泡菜是我喜爱的食物，以前吃过很多，除了爽口开胃，还能怎么样呢？但 Roy 的泡菜是一番新天地。如果我以前吃的是一枚淡雏菊，那现在的就是一朵艳牡丹。它的味道无比饱满丰盈。酸，酸得让你觉得五脏被浸到了冰河里。辣，辣得像心里点着了火，最奇的是它却能给人清泠纯净的回味，像在山泉水里洗过似的。冰河，烈火，山泉怎能在尺寸见方里同时存在呢？我只能

金黄的海胆饭

由衷地佩服 Roy。

然后是蔬菜饼，蔬菜饼很家常，我自己都会做。蔬菜丝加上调料再加上面粉和鸡蛋拌成糊，舀到热热的煎锅里，一会儿就成了一张饼，北方管它叫"咸什儿"。刚出锅，外酥里嫩，香味袭人，可惜几分钟后，就开始软塌，十分的精神走了九分。Roy的蔬菜饼却始终酥脆如初，挺拔如雨中的蕉叶。润白香酥的壳包着鲜翠的叶，仿佛是将野意春色凝结在内的琥珀。中韩风味的煎饼却配着墨西哥风味的蘸酱，不是那种美国化的"Taco Bell"式的，而是原乡正宗不会说英语的墨西哥人吃的那种的。辣椒是晒干的长灯笼椒，炭火熏后，和烤过的青番茄加上其他香草和调料配成。如果说蔬菜饼是一颗琥珀，这蘸酱就让它放射出七彩宝光。一吃起这蘸酱，舌头就像被追赶着，不断地追着煎饼，一口，一口根本停不下来。上乘的餐馆几乎走的都是至精至贵的路子：松露，鹅肝等昂贵的食材，味珠，味沫，味雾等分子料理前卫的技术。Roy走的却是至朴至简的路子。家常的食材，家常的做法，却从极不寻常的角度入手，制成层次复杂，味道甘纯的上乘菜肴。这只有掌控味道的天才才能做到。

后面的海胆饭盛在一个铁锅里，金黄的海胆躺在金黄的饭上，金灿灿的一片，灿烂到忧伤。生海胆鲜，腴。甘，日本风味。饭酸、辣、香，墨西哥风味，它们就像味道里两个不同版本的金黄，相辅相成，将灿烂发挥到极致。那味道让人上瘾，欲罢不能，一转眼，海胆饭就一颗也不剩了。人都有一个原乡，原乡的味道是你在梦里都会闻到的味道。你做的菜会不自觉地有它的味道。可 Roy 仿佛有两个原乡，韩国和墨西哥，就像他在两个家里同时长大。

菜一样样来了，烧猪排，熏鸭卷，冰激凌，等等。这些看似寻常的菜肴在 Roy 的手下都像得到新生，脱胎换骨。如果 Roy 的泡菜是一枝艳牡丹，那这整桌的佳肴就是一片原野：东方的牡丹、梅花；加州的玫瑰、大丽；墨西哥的仙人掌争奇斗妍。这原野在现实中不可能存在，因为这些花是在不同的天时地域里开放的。但是 Roy 的想象力让它们同时绽放。让每个访客都在这花海里迷醉。

让人迷醉的远不止这些菜肴，更是它带来的氛围。在"Best Friend"是绝对不应该独自用餐的，因为 Roy 的菜似乎专门为呼朋唤友准备的，大盘大碗的上来，围桌同享才能尽兴。一块饼，一锅饭，你吃我也吃，你醉我也醉，吃饭就像喝酒，醉到尽兴，相拥而泣，倾吐衷肠，满桌都成了兄弟，掏心换肺，两肋插刀。

一篇文章总有它的几个关键词。其实人的一生也是这样。"朋友"这个词绝对是 Roy 人生的关键词。幼年时朋友是玩伴，少年时则是成长路上相依相携的同行人。Roy 热心合群，从小就没缺过朋友。没想到在他的少年时代最需要朋友的时候却成了孤家寡人。Roy 上高中的时候是全家的鼎盛时期。父母的生意如日中天，搬到了富人区的一座豪宅。Roy 转到了附近最好的中学。同学的父母都是富豪精英，和他从前的学校比真是天上地下。但 Roy 很快发现从来人见人爱的他变得没人搭理了。他是学校绝无仅有的亚洲面孔，也是绝无仅有的少数族裔。在他同学的眼里，他的一切是那么荒谬：他的长相，他的衣着，他吃的东西，他说的话。父母虽然搬入豪宅，生活习惯却没变。有了更大的院子，母亲更能施展厨艺。院子里到处是母亲腌菜的缸和晾晒的鱿鱼干。它们的味道不光招致了邻居的抱怨，更让他成了笑柄。Roy 开始逃学，成绩直线下降，父母心急如焚，这让他越来越怕见父母，开始逃家。

在外面闲逛时他遇到了一伙同样闲逛的墨西哥少年。年纪相仿，气味相投，他们喜欢 Roy，那种由衷的尊重和信赖如甘露一般，Roy 找到了新家。此后，白天大家一起闲逛，赛车，打架。晚上饿了就在海滩上点起篝火，烤肉，吃卷饼，喝啤酒，每一天都是一模一样的痛快！再后来，Roy 染上了毒瘾，这让他对痛快有了飞跃式的理解。原来父母的赞赏，朋友的接纳都是不需要的，只要些许的白色粉末就能让他进入白烟之中，在这烟里，他不用做任何事，不用成为任何人，世界永远是完美的。他需要做的只是让这烟停留的时间长久些。Roy 越来越沉湎于此，与烟外的世界渐行渐远，后来便开始了四处流浪，当他从西海岸流浪到纽约时，已形销骨瘦，倒在了街上，被送到了为无家可归的人准备的收容站。那晚他一夜无眠，因为一个戴斗篷的黑影一直在离他不远不近的地方等他，那黑影并没有上前，只是极为坚定地站着，那不是死神吗？Roy 知道那是为他而来，想带他走。Roy 想随他走，因为只要走了，在这世上的痛就全没有了。但随后，强烈的恐惧捏紧了 Roy 的心，他突然想起了父母。天一亮，他就打通了家里的电话，父亲喜极而泣，以最快的速度把他接回家。后来就是从古到今演绎过无数次的浪子回头的故事。他戒了毒，上了大学，去了烹饪学校，成了名厨Roy，将韩国味和墨西哥味融合的代表，LA 饮食界一颗耀眼的新星。

这时，饭堂里突然涌来一阵谈笑。Roy 出来了，走过每张桌子，向客人问好。我和他合了影，夸赞他的菜肴出色。他竟有些羞涩，道谢之后，一再请我再来，一脸的实诚憨厚，一个实在人。这样的人不能从政，因为不会忽悠选民。这样的人也不会成为巨贾，因为不会投机使奸。也许 Roy 在高中的弯路改变了他的人生轨迹，但我觉得现在的结果是最好的结果。

从 Las Vegas 回来后，我竟很想再去 LA downtown 看看，不光是中国城，而是整个 downtown。多年不见，downtown 变化太大了，老旧破败的痕迹还在，有些路段还是聚集着些形迹可疑的人，让你想到潜在的危险，但老街上添了许多的商店饭馆，新巧前卫，独具个性。走进一家餐馆，里面的人从厨师到侍者再到食客都是不超过三十岁。这么年轻的地方，让人看着都精神！要了一个汤，墨西哥风味的辣椒汤，但加了南方风味的米和香料。再加上翠绿的香草和鳄梨，美味至极。他们的饭菜很有些 Roy 的风格，多元素的融合，味道出色，但出色得有个性。从他们身上很少看到中规中矩的门派传承，有的是不受约束的年轻的创作力。

隔壁是一家热带风味的小店，店还是新，厨师还是年轻，从斐济来，他的鱼生是我吃到最好的鱼生，也颇有 Roy 的风格。再过去还有烘培店、咖啡店，一样的年轻前卫的风格。不知走了多久，来到一条大街上，满街的年轻人。这条街上不光有很多饭店，还有新建和正在建造中的画廊。画廊里的艺术家都很年轻，展出的作品也是相当前卫的都市后现代风格。原来这是 downtown 的艺术街。看了介绍才知道，LA downtown 近几年已大幅度地重建，重生，成为艺术娱乐的新中心，尤其是年轻人施展才华的地方。

第二天，我慕名前往位于 downtown 著名的 Broad Museum。天气分外晴朗。博物馆还没开门，艳阳下已排起了一队人流，老老少少，个个兴致勃勃。一会儿，博物馆的工作人员出来给每个排队的人体贴地发了一把黑伞，大家更兴奋了，仿佛黑伞下的自己也变成了展览的一部分。我在伞的缝隙间回头望，远方耀眼的阳光下，竟是我一直害怕的塞西尔旅馆，它是那么老旧，那么苍白，那么平常，我对它的惧怕消失得无影无踪。对着阳光下兴奋的人流，我在心里不禁长叹了一声："Life always finds its way."

后 记

今年在一位朋友的指引下重游了洛杉矶下城，也重新认识了 LA downtown，感觉 LA downtown 太值得看了。它就是一个超大规模的古董，不是丢在角落里蒙尘结网的那种，而是活生生的，呼吸运作着的。一个一百多岁的电影院，依然开放，可以观看好莱坞的旧电影，室内的装饰都旧了，但红绒的座椅和罗马神殿一样的戏台散发着昔日的奢华。它的旁边竟是当下最新潮的 Blue Bottle 咖啡店，一派现代极简的风格，像用铅笔画出的桌椅旁，年轻的俊男美女一边品咖啡，一边在看着电脑。它的对面就是 LA 著名的 Grand Central Market 大集市，也有一百多岁了，各样美食飘散着香气。再走几条大街就是 Last Bookstore，这是一个由老银行改建的书店，曾一度难以为继，近几年变成了网红书店，因为它太独特，太有趣了，里面有放书的保险柜，还有用书垒的圆洞和飞鸢。不远处，就是 Millennium Baltimore Hotel，金壁辉煌的它同样有一百多岁了。这里曾多次举行奥斯卡颁奖奖仪式，墙上挂着二十世纪二三十年代奥斯卡夜晚的菜单和贵客名单。如果再走几英里，就到了 Art District，那是些原来快倒的旧房子，但被新生代的艺术家改成了画廊，街上画满了壁画。这就是 LA downtown，崭新与破败，古典与前卫，高雅与俚俗间杂交汇，从一百多年前到现今，各个年代的文化像一层层漆刷在这里的角角落落，又在岁月的风雨里剥离，再刷，再剥离，留下无与伦比的奇异图案。LA和在它怀抱里长大的孩子们从来丰富多面，有着明丽和晦暗，倒是人们很少看到它的全貌，以偏概全，遇到晦暗，就掉头而逃，人一生的经历又何尝不是如此，我相信只要有足够的耐力，阴雨之后，总会是晴天。

第八章 水边云畔
——秘鲁

云端，水畔，蓝袍异人头顶明夜，溶冰化雪，明月东升，巨蝶王国的古螺，冰川上的火山，阳光永远不会西斜。

街市是热闹的，石子路也是平整的，但走在这街上，我不觉得身居闹市，倒觉得人在天边，因为我和天离得太近了。天空里会有山鹰划过，我似乎一伸手，便能触到它的翎羽。天是那么蓝，纯净的蓝，没有一丝杂质，蓝得能照见人的倒影。云也就出奇的白，白到缠起银边。这是离我最远的异乡，但我却觉得它亲切，好像来过许多次了。自从二十年前那个月夜，我听了蓝袍异人的乐曲，我就来过了，现在我双脚就踏在那音乐的世界里，那有着白云、雄鹰、山崖、幽谷的天边。

去年我去了心仪已久的秘鲁，回来后好多人问我的观感，我说，"就用两句话概括吧：印加归来不看山，利马归来不吃饭"。这话可能说得夸张了，老父首先不同意：世上中餐最好吃，怎么能说利马归来就没好吃的呢？一个朋友说什么都没有他老家的牛肉面好吃。这些观点都带了太多的个人偏爱。世上的美食多种多样，中餐只是其中的一种，不能说最好吃。一种食物再好吃也不能概括一个地方的饮食水平。那一个地方的美食水平应该怎样评判呢？我想至少要看三类餐馆。第一类是家常小吃，寻常百姓的饮食；第二类是高档餐馆，富裕家庭的聚会之地；第三类是顶级餐馆，应该是上了世界最好的五十个餐厅的名单的。也就是一个城市呈现给世界的最上乘的美食艺术。在我看来，秘鲁的首都利马是为数不多的三类餐厅皆佳的城市。世界最好的五十个餐厅，在利马就有三个。这不能说绝无仅有，至少也是凤毛麟角。称利马为美食之都一点儿都不过分。

我对秘鲁的最初印象其实和美食无关。秘鲁这个词总让我想到一个月夜，二十年多前的一个月夜，在波士顿，著名的哈佛广场。它与哈佛大学咫尺之遥，学子雅士休闲欢聚的地方。初夏之夜，清风送爽，华灯弄彩，人流如水，笑语似烟。夜刚醒来，带着夏的慵懒，好奇地望着个性张扬的小店，书卷气十足的酒吧，和精彩的街头艺人表演。突然，一队异人来了，身披蓝袍，怀抱管弦，蓝袍竟是粗布做的，管弦是从未见过的。他们整齐地站成一排，褐色的皮肤，秋水般的眼睛，好像从天而降。这时我突然发现他们是顶着一轮又大又圆的明月来的。奇怪的是他们到来之前，我竟没注意到任何月色。街上的五光十色骤然暗了，整个世界只剩下浸溢在月光里披着蓝袍的异人，如从一幅神秘

上：云边之城

下：利马街景

的画里走下来。这时管弦响了，激荡的旋律喷薄而出。我无法形容那音乐，只觉得从未有过的开阔广远，让你想到白云，雄鹰，山崖，幽谷。后来我知道这群人原来来自秘鲁的安迪斯山。秘鲁，那一定是一个云端的国度，一个梦境般奇幻的异乡。

秘鲁的确是云端的国度，安迪斯山的海拔高达五千米，上面有世界八大奇迹之一马丘匹丘古印加遗址，山脚下便是历代农耕的 Sacred Valley。秘鲁还是海边的国度，首都利马就西邻太平洋。秘鲁更是河畔的国度，它是世界之肺——亚马孙河的故乡。如此独特的地理环境让秘鲁的物产极度丰富：奇果异黍，山珍海瑰，魔鱼灵兽，品类之繁盛，物质之独异无他国能及。据说光玉米就有近千种，土豆不下几百种。其实很多农作物比如玉米、小米、土豆、红薯、辣椒都是最早被印加人耕种，传到世界各地的。这些奇珍异物恰恰碰到能烹善饪的秘鲁人，于是，一个美食之国便诞生了。

一，欢声醉影——利马

利马靠海，也就阴晴多变。时而浓云翻滚，嗔痴含怒，时而阳光灿烂，巧笑倩兮。可我在利马时却很少注意到它的天气，因为它的街太热闹了。说它热闹并不是人多拥挤，而是街上美食的丰富多姿。饭店连着饭店，酒吧接着酒吧，百样百态，燕瘦环肥。秘鲁是印加古国，后来是西班牙的殖民地。秘鲁的厨艺得顶级的厨艺大师——西班牙人的真传。秘鲁还是个五方杂居的地方，日本人、中国人、南美其他国家的人，都带来了各自的美食，又都和原有的饮食融合在一起。所以，秘鲁的美食实在是东西方美食大汇集的结果：西班牙菜，西班牙秘鲁菜，日式秘鲁菜，中式秘鲁菜。这要归功于秘鲁人广纳博收的精神。饮食世界是门户之见最深的领域。人人都觉自家的饭最好。秘鲁人却反其道而行之，对外来的东西不仅接纳，而且欣赏，是真正的

"拿来主义"者。这种精神让他们与时俱进，不断创新。因此，这些菜系又被不断再创新再融合。近几年，饮食界最时髦的思想是不同文化带来的烹饪方法的融合。当西方的厨师开始试尝东方元素，而东方的厨师开始添加西餐风格的时候，这种融合早已被秘鲁厨师们实践了多年，炉火纯青。这样的地方想不引领世界美食都难。

不论什么时候来到这街上，先来一杯 Pisco Sou 吧。它是秘鲁特有的鸡尾酒，随处可见，由 Pisco，一种葡萄酒蒸馏出来的烈性酒，再加上新鲜的青柠檬汁、糖浆，和蛋白调制而成。第一次喝它，一口下去，甘甜、酸爽，果味的芳香，口里仿佛含了一片长满了青檬的热带果园。再喝，这些味道似乎都不在了，只觉得新鲜，那新鲜不是水果的新鲜，而是融冰化雪，明月东升的新鲜。这新鲜冲洗了我全身的尘垢，浑身脱胎换骨般地轻松，我感觉过去不存在了，端着酒的是一个全新的我，静静地在利马温和的海风里享受着新的开始。从此，我迷上了 Pisco Sour。在秘鲁的时候，一有机会就喝，越喝就越想喝。它从未让我失望，总是那么酸甜适口，总是那么新鲜彻骨。鸡尾酒看似简单，只是某种烈酒加上一定的量的酸和甜，但配好并不容易。不是太酸，就是太甜。能把酸甜调到绝佳比例的少而又少。 在秘鲁，几乎每杯酒酸甜的比例都恰到好处，真是懂得味道的人。

两杯 Pisco Sour 下肚，浑身的骨头像被蒸过般酥软。这时，一股香气飘来，极浓极烈，陈酒开坛一般。好像有烤肉的味，但又夹杂着很多不知名的香。顺香而望，几步远就是一个广场，一溜排开的小食摊正卖得热火朝天。卖烤肉的，卖鱼生的，卖玉米包的，卖炒饭的，还有很多我根本叫不出名字的吃食。橙色的炉火妖冶地跳着舞，白玉般的鱼生在红辣椒紫洋葱里精神地探着头，肉和海鲜在浓烈的香烟里吱啦吱啦地叫着。最精神的是炒饭，沾着调料的饭粒在一口大铁锅里上蹿下跳，应和着锅底下烈焰的节拍。"炒"是中餐的精髓，烈火热锅又是"炒"的精髓。定居北美二十多年，我就没见过这么烈的火这么热的锅。没想到在秘鲁见到了。这盘炒饭美味极了，满口的"锅"气，支支棱棱的香，丝毫没有炒饭常有的软塌。更妙的是炒饭配了两片炸芭蕉，酥软，微甜，和咸香的炒饭真是绝配。我一边大嚼，一边情不自禁地说："没想到秘鲁人能做这么好的中餐。"旁边一位秘鲁老人严肃地说："这不是中餐，是秘鲁饭，中国人把它带到秘鲁，但它是地地道道的秘鲁饭。"他那自豪的语气让我动容，那广纳博收的态度更让我感叹。

烤牛肉、牛肝和牛肚也来了，在一个硕大的竹串上，秘鲁人极善用火，肉被烤得外面焦，带足了炭香；里面嫩，却不生，香料充足，但并不掩盖肉的原味，真是烧烤高手。肉还是香。到了秘鲁才知道以前的"香"原来都形销骨瘦，"香"原来能如此圆润丰满。味是同样的味，但饱和度大大增加，更丰盈，更浓烈，像旺火把每个味蕾都烤得喧腾欢闹。

吃饱之后才注意到我坐的大长桌子边满是人，说话的老人和他的老伴坐在一起，对着一大盘烤肉，满心满意地笑。旁边一对印加情侣，心无旁骛地在分食一盘鱼生，两个叉子绕来绕去，缠满了撕不断的甜蜜。他们边上坐着一家从欧洲来的游客，三个孩子，一个背在身上，两个各举一支粉红的棉花糖。和他们亲密地坐在一起，我不觉得我是个游客，也不觉得这是一个食摊，而是身处一个空前的家庭大聚会，流水席从早吃到完，从不停歇。我和同桌人也不再素昧平生，而是沾亲带故，可以共撕一块饼，同分一锅汤。

离开了广场，很想喝点儿清凉的，于是走进了一间啤酒屋。大厅由一个旧厂房改建，黑桌黑椅，橙红的啤酒广告画顶天立地盖满了墙，简洁明快，现代味十足，都市味十足。店里的人，从老板，到侍者，到客人很少超过三十岁的，一个年轻新潮的去处。啤酒至少有几十种，让人几乎无从选起。它都是附近的作坊用当地的粮食酿制的，看来，秘鲁人不光善制馔，而且善酿酒。随便要了几杯，各个甘甜香冽，却又各有特色。记得一个是用大麦酿的，有一种淡淡的蜜的清香，另一个有些酸，但藏着橙子和柚子味。有一个竟是用黍麦酿的，味道极特别。秘鲁盛产黍麦，这样特别的啤酒也只能在秘鲁找到。配啤酒的有各样的 pizza。有一种竟是用玉米面当面皮的，而且是蓝玉米面。蓝色的圆 pizza 上红色的番茄干，雪白的奶酪，翠绿的香草，像一朵盛开在热带雨林的大花，诡异魔幻。让人不敢下口。吃起来，甜香酸咸融和出一种别样的味道，余韵悠长。一个普通的啤酒屋竟有如此新颖的美酒美食，利马人的创造力，可见一斑。

不知不觉间，满街的灯火亮了。一开始羞怯怯的，在还没褪尽的日光里若明若暗。暮色一来，天变成了深灰，又成了深蓝，最后披上了闪着幽蓝的黑缎子。夜风潇潇，灯火便开怀大笑，花枝乱颤。一个个饭店在灯火里变成了散着七彩光辉的宝石，把这街映成了一个欢声醉影的魔幻世界。我在这醉影里从一处灯火走向另一处灯火，似乎永远都走不到头。

有一处灯火格外的美艳，像一只金闪闪开屏的巨大孔雀。我走了进去，原来是希尔顿的一个高档饭店。来一杯鸡尾酒吧，酒粉里透红，苗条修长的夜光杯，红珠粉玉的琼浆液，每个端着这杯酒的人都会立刻变得优雅。它比 Pisco Sour 甜，但不腻，甘爽怡人，满口盈香，有一点儿不知名的水果的幽香。说它是幽香，却像挂着露珠般的新鲜，灯魂夜影之下，仿佛能闻到果园里雨的气息。要了个菜尝尝，极不俗。拌鲜贝，端上来是一个古铜色的陶盘，上面橙红叠着艳黄，缀着紫花和绿草，艳美不可方物。它让人明白"玉粒金莼"并不只在"红楼梦"里才有，而是真正存在的。鲜贝在哪儿呢？原来生切成片，埋在橙红艳黄之间。橙红竟是胡萝卜做的泥，艳黄似乎是一种本地的坚果做的酱。胡萝卜泥是大厨们不大喜欢碰的，正如世界第一的餐馆

Noma 的 Rene 说的：不管怎么做，总会像幼儿罐头。这里的厨师却敢用胡萝卜泥配生鲜贝？尝了一口，胡萝卜泥并不是惯常的味道，甜里带足了鲜，黄色的酱汁浓香里有一丝辣。和生鲜贝竟然搭配绝佳。有意思的是一般海鲜会配酸味。但这里却没有。不按常理出牌，非大师莫属。甜点更不俗，醇香的巧克力蛋糕外面加了一个蓝色的丝罩，竟是用糖拉成，可以吃的。这色形味样样出色的菜肴在其他地方肯定鹤立鸡群，但在利马似乎很是寻常。美食之都果然名不虚传。

二，巨蟒王国—— Amaz

在利马挑一家餐馆吃饭，一定会有选择困难，因为好餐馆太多了。可我在搜寻的时候，一眼看中了 Amaz，实在是被它的氛围所吸引。五彩拼瓷的墙上，金鳞斑斓的巨蟒，在黑暗中盘扭缠绕，好像要把整个世界都吞下去。巨蟒的缝隙间，闪出一双火眼金睛，那是黑豹窥视的眼睛，幽幽如鬼火。好一个深不可测的黑丛林！

巨蟒是世界上最大的蛇。我对巨大的动物总是很着迷，觉得它一定有令人意想不到的魔力。南美人和我所见略同，巨蟒是南美人的神物。相传很久很久以前曾有一个少年驾着小船在亚马孙河上漂流，想去寻找世界的尽头，他飘啊飘啊，飘了无数天，历尽艰险，最后被一堵墙拦住了去路。那墙顶天立地，摸上去，竟然是软软的，那少年高兴极了，大喊"我终于找到了世界的边缘"。那堵墙并不是世界的边沿，而是世界的主宰——巨蟒之王。亚马孙河便是巨蟒统御的世界。Amaz 的厨师就是用现代的烹饪方法来解读这巨蟒王国的物产，这样的地方绝对独一无二。它成了我秘鲁之行所尝试的最有特色的餐馆。

菜自然都是亚马孙河的奇珍。先端上两个大螺，拳头般大，红褐色的壳，细瓷一样光洁，长得极整齐，不像是野物的壳，倒像古雅的食器。它果然被用作食器，雪白的螺肉切成厚片放在壳内，浸在淡黄的酱汁中。螺肉好像是水渥熟的，肉质细软，但有弹性。两种似乎相反的质地竟同时存在，妙。更妙的是螺壳里还加了一种像珍珠米的圆珠，让螺肉的口感饱满而有层次。酱汁似乎很淡，圆珠似乎也没什么味道，但螺肉在它们的衬托下却味道丰足，唇齿留香，有海味的鲜，河鲜的甜，还有兽肉的腴。"无味"的处理怎么可能得到如此丰足的味道呢？我不得而知，只能叹一声"高手"！

又一道菜来了，是一道拌鱼生"ceviche"。Ceviche 是一种烹调方法，就是将生鱼或海鲜放在柠檬或青檬的汁里"煮"熟，杀菌，去腥，调味。这个"煮"不是在火上炖煮，而是用冷的酸汁泡。Ceviche 的种类繁多。典型的西式做法是鱼泡一两个小时后，滤去酸汁，加上番茄，辣椒。曾在大溪地吃过法式的鱼生——— Poisson：生鱼块和柠檬汁、椰奶拌在一起，别有风味。有一次在电视上看到温州的鱼生，这不就是 Ceviche 吗？原来 Ceviche 的兄弟在中国也有。

秘鲁人是世界公认的 ceviche 大师。据我看，他们深得 ceviche 要义。首先是食材出色，他们用青檬，香气足，当地的紫洋葱，个小，辣里带甜。再者，他们精确地把握了鱼块和青檬汁接触的时间，不是几个小时，而是十几分钟，这样鱼肉不会太酸。还有他们明白温度的重要，那就是 ceviche，要在冰冷时味道才佳。并不是怕鱼肉腐坏，而是因为柠檬汁在冰冷时才甘洌清鲜。当然，最重要的是因为秘鲁人懂得味道。基础版的秘鲁 ceviche 是鱼肉，加上青檬汁盐紫洋葱和姜丝，配以蒸熟的红薯。酸，辣，甜，香，配着大块的鲜鱼，痛快！由大厨设计的升级版则是千奇百巧。在名厨 Gaston 的餐馆我就吃过没有鱼的素 ceviche。青檬汁里拌的是煮熟的 lima bean 和 artichoke。当然还有紫萝卜片，香草和鲜花。它出乎意料的好吃。一点儿都不寡淡，lima bean 非常香。我第一次知道 bean 能这么醇香。只有参透了 ceviche 精髓的人才能作出这种无鱼的拌鱼生。

水边云畔

上:"玉粒金莼"并不只是在《红楼梦》里
中:Gastron 菜肴"来自四川"
下:Amaz亚马逊河的大螺

Amaz 的 ceviche 把我对 ceviche 的认识推到了一个新高度。它的组合就很有意思：亚马孙河的一种白鱼块，海里的鲜贝，坚果碎，炸玉米粒，还有一种黄色的香芒丝，以及紫洋葱和香草。白鱼是生的，细腻肥嫩，鲜贝却是半熟的，外面用炭火烤过，散发着浓烈迷人的碳火香。Ceviche 从来都是一道冰与水的菜，现在却加上了碳与火，仿佛在万里冰川上一座火山在喷发，真是大开大合大手笔！我何其幸运能有机会尝到如此妙手调制的亚马孙河的珍味。

三，秘鲁之子——Gaston

到秘鲁的游客一定听说过一个叫 La Mar 的饭店。那是每个人都会向你推荐的美食必选。它的主人就是 Astrid Gaston。秘鲁成为引领世界美食的厨艺大国，第一个应该感谢的就是 Gaston。是他将现代新潮的技术带到了秘鲁，又将秘鲁的美食介绍到了世界。没有 Gaston，就没有今天秘鲁在世界饮食界的地位。

Gaston的身世很有传奇色彩。他家世显赫，父亲是参议员和大法官。他的一生从落地就被设计好了：当律师，当大法官，当政治领袖。但 Gaston 从小喜欢美食，热爱厨房，而且做菜极有天分。大学毕业后，他向父亲吐露了心事，希望能当一名厨师。父亲惊呆了！"大法官的儿子当厨子？天哪！厨子是下等职业，和仆人的地位差不多。"父亲当机立断，将他送到西班牙的一个律师事务所去长见识。Gaston 去了西班牙，但没去律师事务所，而是去了当时顶级的饭店拜师学艺，后来又去了法国，一去就是几年。他赶上了好时候，那时，西班牙人发明的分子料理正在走红，世界的厨房正在经历一场大变革，厨师们不再满足于世代传承的方法，求新，求变。一大批现代新潮的技术和思路涌现出来。这些几乎都被 Gaston 学到了，成了他得力的工具。他要回家，用这些工具去挖掘秘鲁的美食宝藏。

回家后，他打算开自己的餐馆。父亲还在生他的气，拒绝给他任何支援。他几乎不名一文，创业艰难，四处求告。在众多亲朋好友的资助下，他终于凑齐了开饭店的钱。可饭店的地点还没着落。幸好姑妈在好地段有一座多年不用的别墅，送给了他。就这样，Astrid & Gaston 终于开张了。Astrid 是他的太太，一位品酒师。Gaston 的苦心没有白费，他对秘鲁美食的现代解读很快赢得了世界的注目。短短几年，Astrid & Gaston 荣登了世界最好的五十个餐厅之榜。发榜大会上，一向西服革履的他穿上了民族盛装，那一刻，他不再是 Gaston，而是秘鲁。美食世界从那时起，对秘鲁刮目相看。

以后的几年，Gaston开了许多的分店，并不为赚钱，而是为了传播他的烹饪理念和现代技术。在他的影响下，秘鲁的美食宝藏插上了现代的翅膀，世界级水平的饭店如雨后春笋般涌现，利马成了美食世界的麦加，吸引了全世界未来的厨艺大师，秘鲁的骄傲不再只有古印加的马丘匹丘，现代秘鲁同样有了让全世界瞩目追捧的东西。让秘鲁有这种世界影响力，Gaston 的父亲没做到，作为大法官的 Gaston 也未必能做到，但作为厨子的 Gaston 却做到了，这就是文化的力量。

来秘鲁之前我就被 Gaston 的故事深深感动。可以说对秘鲁的向往至少一部分因为对 Gaston 的敬仰。所以，一来利马，我就定了 Astrid & Gaston，那时，它还是世界最好的五十个餐厅之一。 它是我见过的最不像饭店的一个饭店，因为它太豪华。说它豪华绝不是说它镶金缀玉，装修奢华，而是在任何饭店都找不到的浓浓的老钱的味道，它怎么看都像一个贵族的府邸。一个巨大的前院，明珠般的灯火下，雪白的殖民式门廊，透着含蓄的庄重威严。门里，穹顶下无比开阔的大花厅。这花厅本已是极宽敞了，没想到它的末端还连着一个回廊。走过长长的回廊，别有洞天，原来还有一个大庭院，繁花碧树，楼台灯火，玉叶银枝，金光紫电，好一个夜宴的去处！

菜是十几道菜的 tasting menu。名字本身就极有趣。第一道菜叫"纵欲的床，禁止的爱"，真的端上了一个盘子大小的床，上面的白床单裹着暧昧的皱褶。用手摸了才知道，原来是白瓷。上面是放了几枚小点：海胆吐司，蓝土豆羊肉包，渔夫酥卷。这些小点精巧可爱，头顶着红花，真像坐在床上的新嫁娘。小点一口一个，先尝海胆吐司，天哪，口里仿佛炸开了花，迸发出一朵朵"香"的火花，鲜香，腴香，酥香，脆香，好像还有奶香，百"香"齐放，味蕾几乎被这四处迸射的火花打得晕头转向。吃了这么香的东西，好后悔，因为下面的菜别想再尝出味道了。但是，蓝土豆羊肉包却完全是另一番风情。蓝土豆好像加了奶油，醇厚甘甜，羊肉不知加了什么香料，散发出迷人的味道，但又不是香。就是羊的味道，只是更丰美鲜腴的版本。渔夫酥卷更有意思，酥脆的外皮里，馅心里的海味鲜里含酸，满口的柠檬香。这三种小点都是主打酥香，但却不仅各有风味，而且相得益彰，太出色了。那么它们为什么被叫作"纵欲的床，禁止的爱"，也许它们的外形很像秘鲁著名的性爱陶雕，也许它千情千面，噬香腻骨的味道颇有偷欢匿艳的感觉，这只有 Gaston 知道了。

下几道菜则是冰与水的菜，鱼或海味的生拌，秘鲁的看家菜。当然，在 Gaston 的厨房里，它们是以相当现代的面目出现的。第一个叫"冰冷的大西洋"，一个紫色的鲜贝贝壳躺在一群绿海草之间，下面铺着厚厚的一层冰。贝壳里是一个生的大鲜贝，横切成几片，盖着一层绿色的酱汁，好像是用秘鲁的香草制成。最后侍者过来了，用一个大银勺在上面撒了一勺白粉末。立刻，迷雾升腾，果香幽幽，原来是苹果制成的干冰，一到室温，立刻化成烟雾。冬天，海彻骨的冰寒包围了我。鲜贝一入口，异常冰冷，味道极含蓄，然后，随着温度的回升，苹果的香味和鲜贝的鲜味缓缓地散出，像渐渐绽开的花朵，一个独特的味觉动态体验，巧妙的设计！第二个看似很普通，一个朴拙的小陶碗里是利马常见的 ceviche。但里面加了鲜红的汁，一种当地的

左上起,顺时针方向:
1,印加河畔;2,Gastron 菜肴"冰冷的大西洋"
3,Gastron 菜肴"咖喱兔肉";4,Gastron 菜肴"糖皮土豆"
5,Gastron tasting menu 菜肴"纵欲的床,禁止的爱"

酸里带甜的热带水果，硕大的煮白玉米粒，坚而小的炸黄玉米粒，还有细长如柳叶的翠绿的香草。这简直是利马物产大聚会。这道 ceviche 变得无比丰富，好像怎么也尝不完，品不透。另一道更有意思，叫作"四川——来自我们的中国文化根"。长长的黑陶盘，肉色的酱汁上，散落着雪白的鲜贝片，像片片梅花瓣。红色的辣椒和鲜花点缀其间。酱汁很特别，奶香里带酸，有浓郁的花椒香，鲜爽别致。与在中餐里吃的花椒不同，这里的花椒配奶油酱汁，花椒的冲劲好像裹上了一层丝绒，不再尖锐直接，而是委婉悠长。

下两道菜都是猪肉，第一个是"北京豚猪"，就是烤豚鼠，荷兰猪。烤制的方法是北京烤鸭＋广式乳猪的秘鲁版。秘鲁高原地带的人认为豚猪是美味的山珍。果然，它外皮酥脆，肉质紧香，放在一块纯黑的味皮里，上面铺着一片腌萝卜。味皮是现代西班牙常用的技术。它是各种颜色和味道的几何图形皮。这里用的是黑色的圆，香味甘纯，就像现代画里泼洒的黑底色，萝卜酸甜，像轻灵的嫩黄，烤肉则是褐红的点和线，好一幅味道抽象画。比起以前白面薄饼卷烤鸭加葱酱的吃法，不知风雅多少倍。另一道是烤乳猪，但是委内瑞拉风味的。烤好的肉切开夹在一个松软的小面饼里，肉加馍的南美版，一口下去，唇齿留香，但滋味极特别，像一个南美州的佳丽戴上了中国的凤冠。

更多有趣的菜上来了：秘鲁的山珍做的日式炖饺子，深海白鱼配墨西哥风味的可可汁，利马的自制咖喱烩兔肉。每一道都是上乘之作，从颜色到味道都是一幅幅活色生香的现代画作。甜点更是丰盛，各色糖果，细点，简直是一个蜜和糖的原始森林。我印象最深的是一个土豆，本来正在诧异一个生土豆怎么当甜点端上来，用勺子一碰，立刻碎开了，是糖皮作的，里面是美味的溏心。Gaston像一个魔术师，用秘鲁这面镜子照成了一个世界美食宝藏的万花筒。

印加 Ollantaytambo 古镇

吃完甜点，再仔细看了菜单，原来还有一段很有意思的话：

"安第斯山和海岸的儿子们和女儿们，中国人、日本人、意大利人、阿拉伯人、西班牙人、非洲人……今天在这里，在辣椒和酱料之间，我们告诉所有的人我们不应该筑墙，而应该建桥，如果我们像兄弟那样拥抱，只有好事会发生，爱会胜利。"这哪里应该是菜单上的话，这分明应该是建国宣言的话，不愧是大法官的儿子，有着雄鹰般的胸襟和情怀。

写到这里，大家一定以为 Gaston 是利马第三类餐馆（世界最好的五十个餐馆）的代表。其实这并不准确。当我写这篇文章时，Astrid & Gaston 已经不再榜上有名。Maido 和 Central 青出于蓝，稳稳地坐上了前十名的宝座。Maido 是现代版的日式秘鲁菜。Central 是用前卫的技法诠释印加土著食肴。Gaston 空前的成功恰恰成为他失败的种子。他让利马成了美食世界的麦加，吸引了全世界的厨艺天才。人人都想在秘鲁这个平台上大显身手，超越前人。一个人再有本事也架不住全世界的厨艺天才都想着如何超过你。你被超过只是个时间问题。当 Gaston 将秘鲁展示于世界的时候，秘鲁的美食宝藏已经不再属于秘鲁，而是属于全世界了。这会形成什么样的局面，没人能预料，包括他本人。不过不论排名如何，他永远是我最尊敬的厨艺大师，更确切地说，是文化天使。当我在利马迷人的夜里，穿过一个又一个璀璨的美食盛宴时，我总会感谢一个人的勇气、眼光和胸襟，他就是 Gaston。

四，印加河畔 Inca River

利马虽给了我五光十色的美食盛宴，但我在秘鲁吃的最难忘的一餐并不是在利马，而是一个叫 Ollantaytambo 的小镇。它离古印加遗址马丘匹丘仅一个多小时的火车。

这个小镇是我见过的最有风情的地方，满满的西班牙风味已让它韵味十足，再加上它在安第斯山，印加河畔。窄窄的碎石街，斑驳的老泥墙，长着艳红花和仙人掌的断石壁，蓝绿色的厚木门，以及穿着印加盛装的妇女，小孩。老石街的尽头，一个类似马丘匹丘的小型古印加遗址静静地卧在蓝天下。不远处清澈的印加河水潺潺流过。

街市是热闹的，石子路也是平整的，但走在这街上，我不觉得身居闹市，倒觉得人在天边，因为我和天离得太近了。天空里会有山鹰划过，我似乎一伸手，便能触到它的翎羽。天是那么蓝，纯净的蓝，没有一丝杂质，蓝得能照见人的倒影。云也就出奇地白，白到缠起银边。这是离我最远的异乡，但我却觉得它亲切，好像来过许多次了。自从二十年前那个月夜，我听了蓝袍异人的乐曲，我就来过了，现在我双脚就踏在那音乐的世界里，那有着白云，雄鹰，山崖，幽谷的天边。

随便走近一家小饭店，竟是一个建在 山崖的骑楼，窗外就是印加河水。饭很简单，Pisco Sour，烤驼羊肉，玉米红薯配着拌鱼生。玉米和红薯都是附近山里的。鱼则是印加河里的红鳟鱼。我一点儿都想不起饭菜的具体味道了。只记得它们新鲜适口，只记得捧着 Pisco Sour 看着阳光下闪着银光的印加河水无比适然。我和先生对面坐着，让自己飘浮在温暖的阳光里，有一搭没一搭地说着第二天一早的马丘匹丘之行，但谁都没在意说了什么。好像在这里计划不存在，时间也不存在，天会一成不变的蓝，云是一成不变的白，阳光永远不会西斜，只有印加河水打着均匀的节拍，一路欢唱。

篇后花絮

秘鲁

我们喜爱米其林高端美食，但它又价格不菲。不是每个人都有能力一掷千金，那怎么办呢？一个好办法是到秘鲁去品尝。秘鲁有世界八大奇观之一的马丘比丘，可能已经在许多人的必游之列了。那顺便品尝美食就是合理的安排。秘鲁美食遍地，价格却相当合算，只有旧金山湾区的一半，这包括米其林三星级别的最顶尖的菜肴。所以到秘鲁一定要定好餐馆，越好的餐馆，越物超所值。当然，米三的饭店订座也非常难，一般会有一个时间窗口，比如每个月的第一天可以订这个月的位子，那一天一定要早起，凌晨时分就赶紧去定，那还不一定能定到呢。不过现在有些米三餐馆有小食的选择，是几样很小的开胃菜，让客人在吧台享用，这虽然无法和一个十几道菜的正餐相比，但也能尝到饭店的烹饪特色，而这其实也就足够了，因为顶尖的美食追求的就是个性。除了米三美食，秘鲁的家常饭水平也很高：鱼或海味的各样生拌，烤驼羊肉，炒饭，当然还有它们最著名的鸡尾酒 Pisco Sour。他们还用紫玉米发酵做饮料，有些像啤酒，但味道酸甜爽口。记得一次游马丘比丘附近的圣谷，炎热干燥，又渴又累，路边正好有一位大嫂在卖这种紫饮料，好诱人，买了之后却无法打开，没有开瓶器，只好回头再向大嫂要，她头也不抬，用手轻而易举地就开了，印加人好厉害。还有值得一提的是百香果，对许多园艺师来说，能种出百香果那了不起了，但在秘鲁却随处可见，旅馆里每天赠送竟也常忘了吃，我一开始不知道那是人们向往的百香果，回家后，有一位热衷园艺的朋友告诉我他家的百香果经过他几年的照料终于结了几个果，看了照片之后才知道，原来在秘鲁遍地都是的水果是别处的珍物，不禁再次感叹秘鲁物产之丰富。

RALAE
第九章 未来之宴

哥本哈根学派，米其林二星

让我内心震动的是这种巧思似乎并不是用来取悦食客的，而更像是发布一个宣言，表明一种生活理念。如果以往的米其林经历给我花团锦簇的艺术享受的话，这次的经历却让我深思。那是什么理念呢？简素风格，工匠精神，平等态度，对世间一枝一叶的珍视和敬畏，对自己认知和创意的无限挑战。它是对当代社会无限索取、过度发展的修正，对当代人平庸刻板、自私自满的否定。这不正是我们所期待的人类的未来形象吗？如果我在访问Ralae的路上感受了未来世界的片形只影的话，那我现在则是实实在在地闻到了未来强烈的气息。

这是我见过的最轻灵的列车，似乎没有重量，像划过地面的一瞬疾风。站台空无一人，车上无人驾驶，无人检票，就像一个守时的幽灵。窗外是一望无际的荒野，连天接地的碧草之间，奇幻的未来派建筑一个个闪过：一群耸立于天际的楼群如银白的翅膀，盖满图腾般的菱形花纹；闪着幽光的钢丝编成的正方楼宇大红连着深蓝；深灰的大厦披了一层大鱼的黑色鳞甲。这是什么地方呢？它的蓝天碧草让我知道我在世间，它的陌生前卫又只可能存在于未来。

　　车到站了，玻璃与钢的天棚覆盖了一切，看似随意的图案在透入的阳光下却神异奇幻，像来自星际的巨翼，映射着宇宙的影像，弥散着未来的梦境。出站后映入眼帘的却是中世纪古旧斑驳的石墙，沿着石墙来到街上，又变为二十世纪初风格的古雅的民居。几分钟的时间，我从未来飞到了古代，又飞回了近代。这让我意识眩晕，不禁怀疑自己到底在何时，何地，在哪维空间，这一时，这一天真的存在过吗？

　　这些公寓看起来也经历过许多的沧桑，有的明显被废弃过，像经过严冬的草，正在刚来的春天里复苏，只是这春天的温暖还很微弱。明明是夏天，长日将尽，空气却里渗着透骨的凉意，街上行人寥寥，我明明走过一条条街道，却丝毫没有身居闹市的感觉，倒仿佛是在旷野里踯躅。它让我想到只有在梦中才会出现的怪异场景：你在高声和人谈笑，却听不到任何声音。跟随着导航走啊走，终于，在一条些微热闹点儿的街上看到了我走过大半个寰球慕名而来的目的地——"Ralae"。

　　它很小，而且是一个半地下室，当我坐在它简朴的木桌旁的时候，窗外街边停靠的自行车的车轮恰好和我的眼睛在同一水平线上，桌上没铺桌布，也没任何装饰，只摆了一个花盆，里面也不是鲜花，而是翠绿的莴苣。菜单、刀叉、餐巾一律没有。仔细研究了一番才发现了桌面下的一个小抽屉，所需的一切都在抽屉里，原来是要自己动手。它的简朴随意与它如雷贯耳的大名真是太不相称了。作为一家米其林二星的饭店，它是引领世界美食风骚的"哥本哈根"学派耀眼的名星。它同源的兄弟饭店 Noma 近年屡次被评为世界最好的饭店。

世界美食由哥本哈根领军这本身就匪夷所思。上乘美食从来都是法国人主宰。食不厌精，脍不厌细，谁也无法望其项背。法式大餐，法国名厨，凡是和"法式"沾边的档次顿时高了许多。这种状况一直持续到大约二十年前。分子料理突然出现了。这次可不是来自法国的厨房，而是西班牙的一对兄弟发明的。分子料理的意义有多大呢？如果把烹饪艺术和绘画艺术做类比的话，它就像现代艺术的出现一样，它是一场从理念到实践翻天覆地的革命。它打破了传统的条条框框，将厨师的想象力和创造力放飞到无法想象的地步。厨艺从此华丽转身成了一种能和绘画雕塑媲美的艺术。于是，统领了一两个世纪的法国风过时了。西班牙风格独领风骚，近十年被选出的世界最好的五十个餐厅，几乎都是运用分子料理的高手。这同时又激发了更广意义的革命，"新学学派"应运而生，很多年轻的厨师不再拘泥于门派，而是博采众长，跨越中西，寻找自己独特的道路，发出属于自己的声音。这让饮食世界出现了前所未有的百花争艳的盛况。那么谁是继西班牙之后的领军人呢？很难想象有谁能超越西班牙大师。就像很难有比毕加索、米罗更伟大的画家一样。即便有也会在物产丰富、厨艺悠久的地方。也许会在秘鲁，日本也不是不可能。但是 Noma 横空出世了，哥本哈根一群年轻的厨师另辟蹊径，创立了"哥本哈根"风格，并且几届蝉联世界最好的饭店。哥本哈根，这个北欧寒冷的城市，物产不能说贫瘠，也绝不能说是丰富，传统饮食不过是腌鱼、肉丸、熏烤之类。现在，竟登上了世界美食之王的宝座，令人不可思议。

这让我极为好奇，一定要看个究竟。Noma当然是首选。但 Noma 正在整修，那就来 Ralae 好了。它的主厨在 Noma 做过好几年的副主厨，后来自立门户，才开了Ralae。它深得"哥本哈根"风格的精髓，而且比 Noma 似乎更前卫。

像平时一样，我选了 Ralae 的 tasting menu。和许多米其林餐厅二十几道菜的 tasting menu 相比，这里的 tasting menu 可以说形销骨瘦，连甜点在内不到十个菜。第一道菜来了，不是海胆，不是鱼子酱，甚至也不是奶酪，是一片黄瓜托着碧绿的酱汁，上面飘落着新鲜的莴苣叶，鲜翠欲滴，和桌上花盆里的莴苣相映成趣。一缕葱翠映在黑陶盘上，像一个禅室里精巧的小盆景。一个年轻的金发女孩将菜端上来，解释说：她是设计这道菜的厨师，Ralae有自己的有机菜园，菜单上几乎所有菜都来自自己的菜园，像这盘里的黄瓜、莴苣就是桌上花盆里的。哥本哈根夏季很短，室内盆栽蔬菜是他们一直努力的方向。黄瓜和莴苣都是我几乎每天吃的菜，能变出什么花样呢？一尝，却不然，它们特有的味道都变得更鲜明，就像原来模糊遥远的音色变得嘹亮了一样。也因此，我第一次体会出它们的味道竟是很复杂的，黄瓜是清甜之后有些淡淡的涩，而莴苣则是苦涩之后悠长的清甜。而这两种清甜也各是各的味。那绿色的酱汁似乎无味，但也许是因为它，才让我发现了黄瓜和莴苣的味道。这道菜与其说让我品尝什么，倒不如说向我揭示这两种时蔬的真实味道，尤其是它被人忽视的味道，太有意思了！

第二道菜还是女厨师端上来的，又是她的设计，还是黑陶，还是葱翠，只是由一缕葱翠变成了一掬葱翠，黑碗里绿莹莹的一堆蚕豆瓣躺在绿莹莹的酱汁里。她说酱汁是蚕豆的泥和一种时令野菜做的，而蚕豆也是在最佳时间采摘的。这道菜很简单，但蚕豆的甜，鲜，糯，香

呈现得极到位，而且明明是煮烂的蚕豆，却无比新鲜，就像在菜地里还挂着露珠。

这时一个亚洲小伙子来了，端来了一盘鱼生，没什么装饰，只是黑盘上摆着几个薄得透明的鱼片。拣起鱼片，下面是切碎的腌黄瓜。这道看似普通的菜却无比出色，因为我从未吃过，应该说我从未想到，鱼生能这样美味鲜腴。鱼生应该是日本菜，但这里却不是日本做法，没有芥末，没有酱油，只用腌制的黄瓜。这种方法新颖独特，却将鱼生推到了一个新高度。小伙子很健谈，他说 Ralae 不是严格的西餐馆，而是集世界各地的烹饪方法于大成，尤其重视源于东方却常被西式厨房忽略的发酵技术。Ralae 有专门的发酵实验室，用于精研和发展发酵技术，将传统的制酱、腌菜技术科学化，系统化。他试验了许多方法才制成了理想的腌黄瓜，而且发现和当地的一种白鱼的鱼生相配会有出奇的效果，于是就有了这道菜。他在 Ralae 已经当了两年的厨师。Ralae 有许多像他这样年轻的厨师。他们来自世界各地，醉心于前卫的厨艺革命，来了之后设计菜肴，相互切磋，探索新方法，开辟新途径。

听到这些，我突然意识到我访问的其实不是一个餐馆，而是一个研究所，更确切地说是一个博士后研究站。只不过做研究的博士是厨师，研究的是美食。来到这里与其说是享受美食，倒不如说是分享他们的发明。餐馆里从来都是厨师做菜，侍者送菜，和厨师面对面研讨他的设计思路，只在 Ralae 这样的"哥本哈根"风格的餐馆才有。把餐馆办成味道研究所，厨师变成博士后，菜肴变成设计发明，这样前卫的风格颠覆了"餐饮"这一概念，想不领军世界都难。

接着，小伙子和我们分享他设计的又一个作品：一个三明治，不是用面包做的，而是两条切成长片的意大利青瓜，中间夹的是一种极香的酱，有点像花生酱，但却不油腻，比花生酱更酥香。原来是小米和燕麦烤过制的酱。这是一道极简素的菜肴，但味道极丰富，酥香、谷香、清香、甘香，像把一片田野复杂的味道都带到了桌上。同样，我明明知道它是让我品尝的，但总觉得它是用来揭示青瓜的真实面目的。

随后，一束花草摆在我面前，像在清晨的草原上刚刚采摘的，满是幽幽的青草香。本来以为是致意顾客的装饰花环，原来这竟是一道菜，用来吃的。它是当地应季的几样野菜和时蔬。这么生猛新奇的吃法还是第一次见到。捧起来品尝才知道这道菜用了极大的心思。里面的菜有的是生的，有的是腌制过的，有的是火烤过的。这实际就是一个味道的花束，我第一次知道青菜能组合出如此层次复杂的味道。

南瓜做的微型卷饼皮，炭火微灼的小龙虾钳，秘方配制的素奶酪，溪谷边的只存在不到一天的青色野莓，秘法烤制的当地的野猪肉，以及我叫不出名字，和记不住名字的佳肴——更准确的是作品。它们由不同的厨师设计，设计思路迥然不同，但它们都让我惊诧：寻常的东西里原来有不寻常的味道，寻常的味道原来可以产生不寻常的组合，寻常的组合能有不寻常的效果。与其说我在品尝一道道菜，倒不如说我在重新认识这个世界的真面目。

米其林餐厅无不是雪白的桌布，锃亮的刀叉，晶莹的酒杯，嘘寒问暖的服务。食客也是衣冠楚楚，正襟危坐。但这里却没有。米其林餐厅一向是以它丰富的藏酒为傲，长长的红酒单是一个餐馆的看家资本。这里也没有。米其林餐厅往往选用极昂贵的食材松露、鹅肝、鱼子酱，等等。这里同样没有，不光没有，连肉类都不多，大部分的食材都是当地的时蔬野菜。这里什么都没有，那有什么呢？有巧思，各类各样的巧思。这巧思源于深究细研的匠人精神，涌流不绝的创造激情。那是一种只有科学家才有的好奇，工程师才有的精准，和设计师才有的独创。

这就是我走过大半个寰球慕名而来的目的地——"Ralae"

让我内心震动的是这种巧思似乎并不是用来取悦食客的，而更像是发布一个宣言，表明一种生活理念。如果以往的米其林经历给我花团锦簇的艺术享受的话，这次的经历却让我深思。那是什么理念呢？简素风格，工匠精神，平等态度，对世间一枝一叶的珍视和敬畏，对自己认知和创意的无限挑战。它是对当代社会无限索取、过度发展的修正，对当代人平庸刻板、自私自满的否定。这不正是我们所期待的人类的未来形象吗？如果我在访问 Ralae 的路上感受了未来世界的片形只影的话，那我现在则是实实在在地闻到了未来强烈的气息。

这种气息绝非 Ralae 独有，我在哥本哈根访问的任何一个餐馆，任何一个咖啡厅都是这种精研细琢的态度。在这座城市里几乎找不到一个没有精心烹制的菜肴，一杯没有精心调制的饮品。记得在一个大食档吃过一个三明治：多谷黑面包片上，放着两大块鸭肝酱，上面加了红醋栗，一种有着很明亮的酸甜的野生红浆果，鸭肝的咸香肥腴和醋栗的酸爽清甜达到完美的平衡。而口感上，面包的粗粝又和鸭肝的细腴对比鲜明。最妙的是还加了几枝牛至叶，一下子多了份意想不到的精神。这只是一个普通的三明治，可见哥本哈根人的钻研精神。大食档里还有数十种类似的美味又美艳的三明治，还有当地各色红虾、熏鱼、海贝和私酿的啤酒。所住旅馆的早饭 buffet 同样令人难忘，各样的谷类，面包、奶酪、熏鱼、腌肉，各种野生的和种植的莓子、浆果。每一个都出奇的好吃。无他，这些东西从种植到加工到烹煮无一不是用了十二分的心思。世界上怕就怕"用心"二字。

其实，丹麦人这种精研细琢，求新追巧的风格在 Noma 出现之前就早已闻名世界。那就是让我着迷多年的 Danish Design。丹麦人是世界顶尖的建筑师和设计师，奉行"少就是多"的极简主义，强调设计物品的功能性。设计饱含着前卫的思想，现代的技术，优美的形态，又与自然天衣无缝地融为一体。简洁的线条勾勒出惹人想象的梦幻空间，俨然现代绘画的立体版。我在前往 Ralae 路上看到的奇幻的未来派建筑就是 Danish Design。

这些维京海盗的后代似乎有着金手指，抓住一个行业便能改变游戏规则，开辟一片让人瞠目结舌的新天地。是什么让他们有如此的能力呢？细想起来，海盗可不是靠乱打乱杀的，尤其是在北欧这样冬季漫长，气候恶劣的地方。不用说打仗，能在狂风巨浪的海里航行万里，不迷失方向就需要超人的勇气和技巧。一个很小的错误就可能万劫不复。没有精准的判断、出色的技术、严格的自律是活不下来的。海上风云瞬息万变，海盗生涯刀头舔血，没有跳出框架出奇制胜的能力也不行，没有前瞻的危机意识更不行。也许正是这一切造就了哥本哈根人出类拔萃的工匠精神和创新思维。在哥本哈根时正值七月，遍地是脚手架，好像任何一个角落都在施工。问了当地人才知道，这里夏天很短，所有的工程都必需在短短三个月完成。海盗生涯早已结束，但严酷的天气并没变，刻印在骨子里的世代相传的危机意识更没变。这群海盗的后裔从来没有停止过用心思考如何保护现在，更没有停止过用心思考如何构筑未来。

其实早在 Noma 出现几十年前，我就知道"哥本哈根学派"。那是另一个"哥本哈根学派"，由波尔等科学家提出的量子力学的三个特点：微观粒子的不确定性、叠加性和非定域性。简单地说第一，微观粒子的速度和位置是测不准的，这是一个自然规律，和技术手段无关；第二，一个微观粒子可能同时处于多个位置，同时拥有多个速度；第三，观察会改变和创造微观粒子的状态。听到这个理论是在大学一年级的化学课上，我当时简直惊呆了，下了课还在不停念叨着，因为它荒谬绝伦，更因为这么荒谬的论点竟被证明还是对的，而且成为许多研究的基础。如果说爱因斯坦的相对论让人脑洞大开，量子力学简直颠覆认知。记得那是一个春天的上午，下课后，蓝天白云，碧瓦红墙，校园里紫丁香正在盛开。我平生第一次怀疑眼前的美景，也许天并不是蓝的，丁香并不是紫的。那一刻一时只是我看它时才有的幻象。连我自己可能也未必真的存在。后来，我成了一位生物学家，几十年来听过的科学技术突破不可胜数，直到现在它还是我听到的最不可思议的理论。更不可思议的是这样的理论怎么能被人想出来。

在哥本哈根的最后一天，我来到哥本哈根大学的波尔实验室——"哥本哈根学派"发源地。大学没有大门，在沿街的一座老旧的大楼我找到了波尔实验室的大门。说它大门是不对的，它很小，不仔细找，根本找不到。门旁一个很小的牌子"Niels Bohr Institutet"。这时，我看到老旧的灰墙上挂着一个铜制的匾额，上面一个浮雕站着四个人，那是这个不起眼的大楼里走出的四位诺贝尔奖得主：Neils Bohr (1922); George De Hevesy (1943); Aage Bohr (1975); Ben R. Mottelson (1975)。大楼的正面有一组灯，连结着欧洲高能物理研究所的粒子对撞机。当对撞机有信号时，相应的灯就会亮。

那一刻，我领悟到 Noma, Ralae, Danish Design 的光彩不再无端耀眼，它们其实只是一群上个世纪颠覆了人类认知的伟大的头脑的余波。尽管是在大白天，我觉得那连结着微观粒子奥秘的灯在闪着奇幻的光，那是宇宙的颤音，未来的密码，还是洞穿世界的头脑里认知的火花。

第十章 金紫银黄

——分子料理

西班牙，米其林三星

酒之烟，味之雾，香槟花蕊，海贝牡丹，嫣红醉绿，金紫银黄，我耗尽心血建了这个地方，只为你的到来。

菜肴五光十色，巧思千奇百种，但理念是一致的，那就是它们都不是菜，是一个颠覆感观的艺术体验。午宴结束后，感觉周围的盘子灯罩可能都是鱼鳖虾蟹做的，而眼前的任何东西可能都是其他东西的伪装。有了这样的感觉，也就得了分子料理的神髓。正如毕加索所做的就是告诉大家"画还可以这样画"，"你看到的并不是你眼睛看到的，而是你的记忆和情感看到的"，分子料理告诉大家"饭还可以这样做"，"你尝到的并不是你舌头尝到的，而是你的记忆和感知尝到的"。

一朵雏菊，粉白的花瓣簇拥着丰满的花蕊，娇黄欲滴，晶莹似玉，香气袭人。不是花香，是酒香，还有柠檬橙子凤梨的香气。情不自禁地将花蕊放在舌尖，酸甜甘冽，我仿佛听到了大海的涛声，看到了沙滩上凉伞，想起了我的第一次墨西哥之旅，是Marguerite！我最爱喝的鸡尾酒。Marguerite是液态的酒，怎么会变成了花蕊？

花落了，变成了一缕云，有香味的云。那香味好像很熟悉，但一时竟说不准它是什么。对了，是大料。但是却比我记忆中大料的味道纯净得多，好像大料的魂魄升华，溶在这云里来召唤我。我仿佛回到了童年，天上飘着雪，北方老城胡同的地面坚硬如铁，我走过破败的四合院，家门口的煤炉旁，外祖母正在做饭，就是这香味随着蒸腾的烟，熏暖了门前的雪花。

云消失了，我面前是一颗拇指大的黑珍珠，幽光熠熠，如月光下夜的眼。含在口中，它竟是软软的，外皮顷刻即破，浓重的香液淹没了每一个味蕾。那香味很特别，是蘑菇的味道，但浓得多，好像把世上的蘑菇都精缩在这颗珠子里，之后便是层层剥茧的悠长余味。我想到了夏日的远足，秋日的野游，午后的树林在阳光下的氤氲。

我走在在林子里，溪边的大青石上一小片暗绿的藓苔散着香味，它吃起来竟像极了汉堡。我还记得从中国来到北美第一次尝到它的感觉：怪异的奶味夹缠着腥重的焦香，那么陌生，那一刻我实实在在地意识到我到了异国。

眼前的一切都消失了，纯净的暗白的虚空里，一抹橙红，一点淡黄，一缕棕黑，它们都有迷人的味道，有的清俊，有的饱

上:香槟花蕊

下:松茸烩松子放在松塔盂里

满。但它们都是我没有尝过的，我无法把它们和我记忆中的味道联系起来。它们好像没有前生，也没有后世。也因此，它们可能有无数的前生，无数的后世，我只能不停地猜着。我想起了第一次在纽约的博物馆里看到的现代画：毕加索，米罗，康坦斯基。

这不是梦，不是魔术，也不是幻象，它是我所经历的分子料理体验。如果我能用文字画一幅画的话，我就叫它"分子料理印象"。

第一次听说分子料理，是在一本介绍 El Bulli 的书里。El Bulli 是名厨 Ferran Adria 和 Albert Adria 这对兄弟在 Roses、Catalonia、Spain开办的米其林三星的饭店。它被称为地球上最有想象力的顶级肴馔。介绍厨师饭店的书一般不会太长，而且会有很多插图和菜谱。但这本书却不同，满满的一大厚本文字，倒像是一部大师的传记。读完之后，我感觉为 El Bulli 写这样的一个传记一点都不过分。这是一个将被载入史册的地方，值得几十本这样的传记。它根本不是一个饭店，而是一个全新艺术的诞生，不过这艺术是以食物做媒介的。在它超出想象的创造力面前，突破，飞跃这样的词都太苍白。

那么 El Bulli 分子料理到底是什么呢？首先，它研发了百式百样的新巧技术：制沫、制珠、制雾、制油、制囊、制粉，等等，令人眼花缭乱。但说穿了，就是把味道从食材分离出来，再用脱离了食材约束的味道构建艺术。比如，一个草莓，传统的做法不管是烤，是煮，是腌，草莓的味道在草莓里，很难过度被稀释和浓缩。用分子料理的方法就不一样了，可以将草莓制成草莓味沫，它是雪白的蛋白沫，但有草莓的味道。还可以制成草莓味珠和味囊，一颗圆珠，里面是浓缩的草莓味。还可以制成草莓味的雾气、草莓干粉，等等。抽象了的味道，可以从极浓到极淡调到任何想要的精度。然后和其他抽象的味道构筑以前不可能想象的味道。用 Ferran Adria 的话说：像打开了通向另一个宇宙的门，有了无数的可能。

如果 Adria 兄弟只用这些技术制作美食的话，那他们充其量只是出类拔萃的厨师。但他们又飞跃了一大步，分子料理的目的是挑战人类对味道的固有认知，更确切地说是挑战人类的认知，只不过用味道做载体。这与现代艺术的理念不谋而合。所以，它做出的是美味佳肴，但更是惹你思索，引你想象的艺术品。厨艺从此华丽转身成了一种能和绘画雕塑媲美的艺术。实际上，许多分子料理大师的作品从颜色到设计无一不是出色的现代画，拿到任何一个现代艺术博物馆都不会逊色。

Adria兄弟的经历本身就很传奇。哥哥十几岁进厨房，在西班牙 Catalonia 的一个不大的饭店做主厨，喜欢试尝新奇的方法。餐馆曾经倒闭，后来又重开。弟弟有阅读困难症，勉强完成高中后，就到了哥哥的厨房工作。就是这样一对既没有渊源家学，也没有艺术训练的，高中学历的年轻人竟能开一代之先河，创造出大师级的艺术作品，令人不可思议。El Bulli 的经历同样富于戏剧性。它从一个名不见经传的小餐馆到举世瞩目的分子料理圣地，只用了不到几年时间。而正当它如日中天的时候，Adria 兄弟突然决定关闭 El Bulli，无它，只是因为受不了每天媒体的关注和浩浩荡荡来朝圣的人流。他们后来在巴塞罗纳开了一个小食店，享受着一个普通厨师做饭的快乐，脱俗的性情中人啊！El Bulli 在不在其实已无关紧要，因为它早已开枝散叶。近十年选出的世界上最好的五十个餐厅几乎都是 El Bulli 的徒子徒孙。而我这些年去过的任何一个米其林餐厅都是运用分子料理的高手。

访问 El Bulli 是我多年的心愿，可惜，我还没来得及实现这个愿望，它就关了。那就访问它的支脉吧。与其说访问，说"朝圣"应该更确切些。原来在 El Bulli 的厨师在 El Bulli 关门后各自挑梁在巴塞罗纳（地处 Catalonia）开了餐厅，继续他们的分子料理生涯。去年，终于我访问了 Abac，一个巴塞罗纳的米其林三星分子料理餐厅。

那是一个地中海明媚的五月天，"明媚"到了地中海就有了十二分的饱和度。阳光烁烁，漾溢在每个角落，让你感觉这世界明亮得没有了影子。蓝得透明的天宇下，猩红的、大红的、紫红的、粉红的三角梅随处绽放，满野满目，如此起彼落的烟花。这烟花落在粉墙上，红瓦上，嫣红姹紫的野玫瑰边，金装翠琢的天堂鸟旁，满世界的暖，满世界的艳，满世界都像在欢庆着什么。

巴塞罗纳的地铁公交四通八达，连接几乎所有景点饭店。可我却很难找到到达 Abac 的线路，只好坐出租。出租开起来才发现，路越走越高，越走越幽静，离热闹的旅游点越来越远，路旁的屋舍越来越豪华。原来它坐落在巴塞罗纳的高尚住宅区，远离喧嚣。

车在一扇木门前停了下来，木门极简单，没有装饰，但一看就是精心设计的，它的简单是刻意而为。门虚掩着，进去后，豁然开朗，一座由玻璃和钢建成的现代风格的小楼立在如茵的碧草上。在满街沉重坚实的红瓦石墙之间，宛然一枚矗立的大钻石。

楼内静寂无人，只看到一个通体透明的电梯，如一滴水悬浮于钻石之中。试探着乘着电梯来到一楼，一位黑衣女子却已在那里等我，说"我一直在等你，请跟我来"。跟着她穿过一个个拐弯，来到了宽敞的后花园。落座后，她摆上了两三碟精美的小食和一杯鸡尾酒。园内寂寂无声，树草相映，一派葱翠，一个后现代的钢质雕塑在正午的艳阳下闪着神秘的光点，好一个风雅宜人的幽静之所。我慢慢地呷着酒，竟忘了此行的目的，好像走这么远就是来这花园里享受这一刻午后的闲暇。更奇怪的是，这里明明应该有其他的客人，我却感觉不到，仿佛有人建了这个所在就是为了等我的到来，而我的人生之旅里也注定有此一站。

也不知过了多久，黑衣女子又来了，笑吟吟地问："怎么样？还喜欢我们的开胃小食吗？我们宴客不是从餐厅开始的，而是分三部，后花园，厨房和餐厅，刚才我们已完成了第一部分，现在随我去厨房

午后庭院

吧。"说完对我投来调皮的一瞥。原来花园小坐已是午宴的一部分，可惜我太专注于那静美的时刻，竟没仔细看看吃的什么，遗憾。不过这种俏皮随意的方式倒比正襟危坐来得新鲜有趣。

厨房一尘不染。深灰的工作台上，摆着一枝纯白的雏菊，它娇黄的花心晶莹剔透，原来是冷冻成冰的 Marguerite 鸡尾酒。它身边还有一个同胞姐妹：一杯红色的液态 Marguerite。这时，厨师拿起一个精美的钢瓶，将液氮倒入了浅红的 Marguerite 中，一团白雾升腾而起，气势磅礴如杯中雪崩，然后猩红的酒液上，浮起一层厚厚的白雪——Marguerite 冰在口中由极冷，到清凉，到温热，香味酒味慢慢地散出，就像给 Marguerite 的味道拍了一组慢镜头，让其细微之处从容不迫地尽情展露。而加入液氮的 Marguerite 里，气化的氮气形成无数小泡，喝起来就像加了白雪的奶油一样，绸缎一样的光滑。以酒制冰、以氮入酒对我来说都不陌生，但眼前这对 Marguerite 却设计得精妙，它们都是 Marguerite 的特异状态，特异得又如此不同，就像把一张静物照作了两种极端的艺术处理。一种平常的鸡尾酒成了一双艺术品。

　　厨师紧接着开始准备后面的小馔。一道道匪夷所思的菜肴在自己的眼皮底下像魔术般地从无到有，本身就是难得的经历。一个胭脂色纸片递来了，原来是吃的，酥脆甘香，竟是腌牛肉做成，牛肉制纸？有意思。接着的小馔虽然叫小馔却异常复杂：一个手指大小的好像海藻压成的薄片上托着金黄的鳟鱼蛋，橙红的三文鱼，白雪样的味沫，好像把海洋都缩在寸许之间。尝起来，海鲜味却一瞬即过，之后竟是肉香和豆的甘香，这让我真有些迷失。下一个更让我迷失，还是一块长脆饼，但是竟像一块三叶虫化石一样，嵌着一条完整的沙丁鱼骨。上面放着一段沙丁鱼和花蕾般的白色酱汁。吃起来异常可口，食不留渣，味道却像影子一样难以捉摸，草味，鱼味，火腿味，花生味，似乎都有些它们的影子，但似乎又都不对，而放在一起整个的味道是我绝想不到的。

　　终于在饭厅落了座，饭厅以黑白灰为基调，几乎没有其他颜色。就是黑白强烈对比的装饰也极少，大多是白与灰。看着它，五蕴神识都归于简洁安静，就像激昂的音乐后的漫长的沉寂。我性急，外出吃饭不喜欢节奏太慢的饭店。但此时，我却想不被打扰地多坐一会儿，也许是因为太爱它的洁雅明净，也许是厨房的缤纷斑斓之后，很需要静一会儿。

　　随后二十一道菜的 tasting menu 在饭厅继续。历时两个多小时。如果厨房的菜让我感到迷失的话，餐厅的菜好像就是为了迷失我，颠覆我的认知的。

海马的分子料理解读

一杯血腥玛丽放在我面前。血腥玛丽是由番茄汁制成的鸡尾酒，液浆似血而得名。但这杯却是透明的淡黄色，太不精神了，血腥玛丽的血腥劲儿哪去了？一尝却眼睛一亮。原来的尖锐酸涩消失了，取而代之的是柔和浑厚的酸甜。原来是番茄汁几经过滤浓缩而成的水。对了，制水，将食材的精华用水提取，分子料理最基本的技术在这里登峰造极。

　　一个小小的玻璃培养皿端了上来，这是一道叫"海马"的菜。天哪，难道让我来吃生物实验标本？培养皿里果然有一条细小的淡绿游虫。看着我目瞪口呆的样子，侍者笑了，也不解释，只说别动那培养皿，一会儿自有用处。

　　他却端上了另外一道菜，苹果牡蛎生拌。这个菜应该简单直接，但来了之后发现全无任何牡蛎和苹果的踪迹。一只白瓷釉钵，满身戟刺，银蓝色的内壁，宛然一只海胆，钵里是冰，一半纯白，一半深蓝，一个美艳的后现代雕塑。纯白柔和，深蓝尖锐，据说它们是苹果做的，但它们没有苹果味，我无法定位它们的味道。它们的底下好像藏着牡蛎的片段，和这白与蓝在一起吃，极美味，却不是我所期待的牡蛎的味道，比如鲜、香等等。它无法和我记忆中任何东西的味道产生联系，一种无中生有的美味。

　　这时，一个白瓷盂拿了上来，它像一个浑圆的瓷球有一个小凹陷，每个角落都柔和光润，和海胆釉钵恰配成一对儿。侍者将游虫用镊子放在了瓷盂里蓝绿白相杂的干粉上，然后解释说：这是当地出产的一种藻类，刚才在味料里泡好了，现在请用勺子将它和粉末一起吃。我照做了，口里一阵清凉，酸，辣，鲜，咸，有橄榄味，还有咸鱼味。没想到有这么虚无的东西有这么实在的味道。侍者这时笑了，终于告诉我说：这道菜是用来纪念当地一道特色小馔的。这小馔原本是腌鱼，腌橄榄，和腌辣椒穿在一个牙签上，有点像扭着身躯的海马。而那游虫当地人也叫它海马。所以厨师设计了这道菜，用味粉味沫模仿了这小馔，只是此海马非彼海马，但又味似彼海马。它偷梁换柱，利用对一个味道组合的记忆，将人的感知扭到一个全新的角度，出奇制胜的惊异效果。这与其说是一道菜，不如说更是一个绝佳的行为艺术。

一碗极漂亮的汤，点点的鲜花里躺着几枚皎白的小玉球。那汤美味至极，并不是鲜、香、甜美、清爽这样的感觉，而是无法形容的圆融明亮。问了才知道是由十六种不同的蔬菜熬制的，难怪。玉球像极了汤圆，不是糯米的，而是奶酪的，咬下去却不是实心的，薄薄的一层皮内竟是奶酪汤汁。奶酪在这只是温热的汤里怎么成了液态的呢？

一客炸鱿鱼来了，炸的却不是鱿

右图由上至下：

1，奶酪流心玉球在十六种蔬菜熬制的鲜汤里
s
2， 厨房小食

3， 甜蜜的气球

4， 口红吗？其实是冰激淋

鱼，而是鱿鱼的墨汁炸制成的脆纸，然后配鱿鱼的肉做的蘸酱。鱿鱼蘸酱变成了汁蘸鱿鱼，天哪！

一枚地中海红虾，在海盐里腌制后，同时品尝：虾腰和金桔片做成鱼生，虾壳泡的茶汤，虾头红膏。虾的三相五态分毫毕现，一虾得窥一世界。

一个放在桌上的粉气球，原来是甜点，它的味道却是香草冰激淋。

一个暗红的口红，原来是冰激淋，可以一边涂在唇上，一边品尝它的美味。

还有，太多，太多。

菜肴五光十色，巧思千奇百种，但理念是一致的，那就是它们都不是菜，而是一个颠覆感观的艺术体验。午宴结束后，感觉周围的盘子灯罩可能都是鱼鳖虾蟹做的，而眼前的任何东西可能都是其他东西的伪装。有了这样的感觉，也就得了分子料理的神髓。正如毕加索所做的就是告诉大家"画还可以这样画"，"你看到的并不是你眼睛看到的，而是你的记忆和情感看到的"，分子料理告诉大家"饭还可以这样做"，"你尝到的并不是你舌头尝到的，而是你的记忆和感知尝到的"。

走出饭店，我不禁惊叹我脚下这块看似极平常的土地，Catalonia，这块只有纽约州五分之一大小的地方，上个世纪，产生了毕加索、米罗、达利、高迪这些开一代先河的现代艺术大师，如今，又产生了分子料理，一百年间两次颠覆了人类艺术和感知的版图。真是造化所钟，灵秀所集。

远方，现代建筑大师高迪的建筑群像从梦境里走出的巨兽，用她平静而诡异的目光注视着匆匆的人流。天边，波光潋滟的地中海正和天融成一片幽远的灰蓝。巴塞罗纳午后的阳光如久别的情人将我紧紧搂在怀里,热烈得令人窒息。

篇后花絮

分子料理在我家

分子料理听起来高大上，好像只发生在顶尖的饭店，出自专业厨师之手，但它其实并没有那么神秘，可以而且应该被用在我们日常生活中。我最常用的是制水。家里有十几株玫瑰，几乎一年四季都有玫瑰花开，有种紫色的玫瑰特别香。花开时，将花瓣洗干净，放在用糖和水调制成的糖浆里，过夜。第二天滤掉花瓣，玫瑰露就制成了，早上加在咖啡里，玫瑰就像在咖啡里绽放，午后放入冰茶里，普通的冰茶就花香袭人。院里还有柠檬和橙子树，开花时节，同样的方法可以做橙花露。香茅上市的时候，还可以制香茅水。家里有皱皮柠檬，它的叶子也可以制水，它们是做泰国风味的基底，加入糖、盐、鱼露、辣椒和青柠汁，冬阴的味道就出来了。

第十一章 千叶万花

——寻找 Jose Andre（Ⅰ）

（西班牙）

　看了一下时间，原来还不到正午，这已是第三杯了，不过午就醉了，的确放纵，放纵就放纵吧。人不能同一次踏入同一条河，快乐时光稍纵即逝，我端起酒杯一饮而尽，让时间永远地停止在那沉醉的瞬间。沉醉中，我的心境由一只欢悦的鸟变成了一条慵懒的鱼，在一条暖暖的溪流里随意地漂着，不知漂到何方，也不在乎漂往何方，只是渐渐地融化在那流动的暖里。

看了这题目你一定会问：Jose Andre 是谁？为什么寻找他呢？Jose Andre 可是饮食界重量级的人物。他是一位顶级的西班牙厨师，是将西班牙 tapa 介绍到美国的第一人。他的餐馆风格各异，遍布世界，赢得了多个米其林之星。不仅如此，他还获得美国颁发的"National Humanities Medal"，而且获得过2018诺贝尔和平奖的提名。

这样一位名满天下的人可惜我以前一点儿都不知道，直到有一天我在 Las Vegas 的 Cosmopolitan 无意中撞见了一个饭店。那是一个冬夜，还是一个夏日，是阳光灿烂，还是骤雨初歇，我一点都没印象。我只记得我的心境极佳，兴致盎然，像清晨的鸟，雀跃撒欢，好像不论朝哪里飞，都有出奇的景致在前面等着。果然，眼前冒出一朵顶天立地的大红花，不是长在原野里的，而是从剪纸里走出来的，拥金簇玉，翠叶碧枝，凤冠霞帔，艳气夺人。走近一看，红花的花瓣原来是挂在天花板上的一个个连成片的玻璃红灯，每个都如放大了千倍的红牡丹花蕾。灯之间竟是自行车轮，如花的铮铮铁骨。灯下，几只原木坐凳披红挂绿，如花的零枝落蕾。红绿相间的霓虹字"China poblano"伴着一个镂空的、剪纸样的铁门。旁边的高台上放着一摞菜单，原来是一个饭店。Poblano 是辣椒的意思，"中国辣椒"。

饭店总是让顾客进门看到优美的装饰，而这里，跳入眼帘的却是几丈宽的硕大案板和在案板上一双双上下翻飞的手。一群墨西哥胖厨娘在忙碌。她们的手红润，丰满，灵巧，像传说中的魔手，成片的墨西哥小面饼，成排的小笼包、烧卖，正从她们的手里飞出来。其中一双手正在一块大青石板上将暗色的

Chinapoblano 剪纸般艳美的屋顶

面团搓成薄如纸的花面圈，然后排在一个两寸长的小竹笼里。那不是栲栳栳吗？太行山沟里农家面食，竟会在 Las Vegas 出现，而且是和墨西哥的卷饼在一起，由一位墨西哥厨娘做出来！

走过案板，迎面是一面蓝灰的墙，上挂摆饰，一半是墨西哥 Oaxaca 的木雕，另一半是京剧的木制脸谱。墨西哥人是太阳的儿女，热烈奔放，大喜大悲。Oaxaca 的木雕就像太阳儿女的的魔魂彩魄一般，色彩斑斓，形态奇幻，喷薄着喜怒哀乐，我一直深深为之痴迷，却从未想到它和京剧的脸谱可以放在一起。那从小看惯的脸谱竟有了新意。它同样的浓墨重彩，狂异诡幻，生旦净丑，浓缩了七情六欲，只是蜷缩在一张脸的框架内，深沉内敛，如被压在火山口的涌动的岩浆——东方月亮民族的写照。对面的墙上却是后现代风格，安迪·沃荷的毛泽东挨着安迪·沃荷的 Frida。我们总说以史为镜，以人为镜，其实以文化为镜，更能看清另一个文化的神髓。墨西哥和中国，这两个迥异的文化如两面镜子在这里相交相映。

这种相映不是严肃、沉重、让人深思的，而是轻松、调皮、让人欢笑的。厅里到处都是铺着花棉垫的坐台，随处可落座。菜和酒都是小食小酌型的。呼朋唤友大啖狂饮可尽欢，一人独坐消磨时间也无妨。温馨随意，宾至如归。

第一杯鸡尾酒就很怪，青檬汁，薄荷，龙舌兰酒，凤梨，黄瓜汁，盐，像 Magerita 又像 Mijito，却飘着五香粉，好怪，好大胆的组合。更怪的是，它却没变得难喝，而是让这轻灵甘冽的味道更明亮，像给艳丽的亮色加了灰黑的背景。

栲栳栳是一定要尝的，上一次吃还是三十几年前。栲栳栳是山西高寒山区的特色面食。它不是小麦面粉做的，而是一种叫莜麦的粉做的。莜麦虽然产量很低，但耐寒耐旱，成了高寒山区的主食。莜麦营养丰富，但性寒难消化，必需热水和面，撮成极薄的面环，然后再蒸熟。这些技巧只有当地的人知道，出了山西，都不一定有人懂，这里的人怎么能会做栲栳栳呢？但是，让人吃惊的是这里的栲栳栳很地道，比以前吃的略硬，但更筋道。能把这么乡土的中国食物做得这么好，令人刮目相看。栲栳栳的蘸酱不再是我在山西吃的番茄，而是 Oaxaca 的烟熏灯笼椒，甜辣酸咸，还有浓浓的烟熏味。Oaxaca 和太行山，这两个相距半个地球的地方在这寸许的蒸笼里相拥。

然后尝了一份墨西哥硬壳卷饼（taco），巴掌大的硬壳上，香辣的一片牛肉，味道很像四川的夫妻肺片，上面一个汁水生动的生牡蛎，旁边还有一片荔枝、青葱和酱油汁。墨西哥的形，中国的味，日本的影，这是我吃过最新颖的 taco，和一种加了百里香的鸡尾酒绝配。

后面是烧麦和锅贴，这都是我再熟悉不过的了，但这里的做法却像给了我一双全新的眼睛。烧麦看似是寻常的牛肉馅，一咬，里面竟有尖锐的清香，是青檬，切得极碎的青檬皮。烧麦香鲜适口，是一款美味点心。如果说它有什么缺点的话，它一味鲜香，层次不足。加上些许青檬皮，四两拨千斤地解决了这个问题。

锅贴看起来和我以前吃的并没不同，小巧的饺子，喷香的羊肉馅，漂亮的冰花。但吃完之后，我无论如何都感觉这是火烤的，肉是烤的，锅贴也是烤的，满满的烟与火的气息。这绝对不对，但这种感觉从何而来呢？后来发现是用的香料让人产生火烤的联想，真是用料高手。

这些菜是什么样的厨师设计的呢？看他对中餐的了解，绝不是一位墨西哥厨师。也不会是一个中国厨师，因为他的调味不是中餐的路数。无论是谁，这都是一位顶尖的厨师，能超越文化和地域的局限，将世界之味玩弄于股掌中。

Jaleo 的海胆火腿吐司

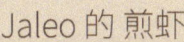

Jaleo 的 煎虾

China Poblano的烧卖

China Poblano 的柚子甜品

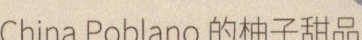

但是，我来不及想这些，因为又一杯鸡尾酒送来了。它是仙人果（刺梨）的汁液制成。仙人掌满身是刺，不似树木，倒似砺石。干热如火的沙漠，千树万草望之却步，它却一枝独秀。它的花大如玫瑰，艳如玫瑰，却比玫瑰轻盈娇柔。玫瑰的花瓣如丝绒般厚重，它的花绢帛一般地轻透，轻得好像一碰就会随风化去，可与至娇至贵的牡丹一比高低。极致的娇柔生于沙漠那极致的粗砺，真让人难以置信。花落了，就长出世界上最神奇的果实——仙人果，荆皮棘身，里面却是水汪汪的一腔紫红。那汁液好像将沙漠里所有的甘露浓缩而成，滴在任何地方就马上将其染红，像沙漠的鲜血。它浓郁的酸甜和上等的龙舌兰酒兑在一起就成了一剂灵丹，一杯足以忘忧。

看了一下时间，原来还不到正午，这已是第三杯了。不过午就醉了，的确放纵，放纵就放纵吧。人不能两次踏入同一条河，快乐时光稍纵即逝，我端起酒杯一饮而尽，让时间永远地停止在那沉醉的瞬间。沉醉中，我心境由一只欢悦的鸟变成了一条慵懒的鱼，在一条暖暖的溪流里随意地漂着，不知漂到何方，也不在乎漂往何方，只是渐渐地融化在那流动的暖里。

一觉醒来，天竟黑了。长梦初醒，神倦意懒，白天快乐的瞬间化成碎片，风飞云散，余光渐淡。这样的心境总是想往高处走，于是信步到了 Cosmopolitan 的顶楼。迎面一个大红和纯白勾勒的富丽堂皇的餐厅，Jaleo。大厅的尽头，熊熊烈火上大如碾盘的平底锅在吱吱作响，飘着异香。店里几乎没人，只有一个小伙子在吧台招呼，我就坐了下来。

胃还没醒，只想吃些简单的。小伙子说你来对了地方，这里专卖西班牙小食。他推荐了烩墨鱼和火腿面包。听起来很平常的菜端上来后却让我大吃一惊。它们都出奇地漂亮。墨鱼是炭火烤的，玉白的身体上几条凌乱的炭火痕，如疾书狂草，它竟躺在一汪晶亮的墨汁里，被一圈淡绿的油包裹着。原来是墨鱼的黑墨和上等的橄榄油做成酱汁来配墨鱼。墨鱼的墨汁竟是可以吃的，而且用在这里简直是神来之笔，它裹在腥咸里的尖锐的鲜让本来普通的墨鱼成了一幅味道浓郁的泼墨画。

我想象中的好的火腿面包不过就是新鲜的面包加上上等的火腿。这里的却是另一重天。寸许大小的面包片，刚烤过，涂着新鲜的生番茄汁蓉，上面是一片西班牙火腿脆片，再上面是一枚鲜海胆。质地从软糯到脆硬，味道从酸甜到腥鲜再到腴香，颜色从白到黑到杏子黄再到胭脂红，层层包裹的精致如一首无懈可击的小夜曲。这里一定有一位大师级的高厨。仔细查了才知道，餐馆的主人叫 Jose Andre，有着令人目眩的成就，而且我白天去的 China Poblano 竟也是他的。

从此，我就迷上了 Jose Andre。这两个餐馆成了我多次光顾的地方，它们风格迥异的菜肴，就像艺术家不同风格的作品肩并肩地放在一起，能有机会欣赏，真是三生有幸。后来我又买了他的书来读。名厨好菜对我来说并不陌生，我为什么这么喜欢 Jose Andre 呢？我想这是因为他很特别。他的菜肴精致复杂，绝对的大师水平，但菜式却自在随意，有着家常的平易近人。菜是西餐的路数，却不像我知道的任何西餐。方法上，它没有意大利餐用大量的奶酪和番茄浓酱，也没有法式菜用很多黄油和奶质酱汁，有西餐常用的烧灼烤制，但更多是用橄榄油里煎制。按 Jose Andre 自己的话说，菜的精髓就是三条：新鲜的食材，超热的表面，高质的橄榄油。超热的表面就是烧得很热的铁板，它将食材迅速煎熟。这种做法不仅能保持食材的原味，轻灵鲜活，而且会产生奇特的香味。风格上，它没有法式烹饪的中规中矩，而是尖锐放纵里藏着精致细腻，大开大合，如张力蓬勃、墨飞彩涌的现代画。

但真正让我耳目一新的还是他的烹饪理念。从来做菜无非是取所适的部分入馔，比如水果取果肉，菜取嫩叶，嫩茎，等等。Jose Andre 却反其道而行之。他的很多菜倒像是用来展示一个食材的个性风貌的。我最难忘在他的这两个餐馆都吃过一道柚子做的甜点。一个在 Jaleo，西班牙风格的：柚子的皮做成糖，加上柚子肉做的刨冰，再加上橄榄油做的冰激凌和蜜。另一个在 China Poblano，亚洲风格：柚子肉做的冰激凌，加上一块花生牛轧糖，柚子皮碎末和辣椒粉。这两道甜点风味各异，但都极大彰示了柚子原本的酸甜和皮的苦、涩、香。柚子是我吃了几十年的水果，平时无非是吃它酸甜的果肉。尝完这两道甜点，我才知道我原来对柚子的味道其实所知甚少，它除了明亮的酸甜外，还有深幽的香，清明的苦，含蓄的涩，而这一切的总和才是它独有的味道。这两种不同风格的柚子甜点就像柚子的浓妆与淡抹，品完之后，柚子独特的味道跃然而出，永远刻印在脑海里。

这种理念其实超越了厨房。假如将食材比作一个人的话，Jose Andre 并不只让你见到这个人的快乐温和，还让你看到他的愤怒和忧郁；不止看到他的青春，还看到他的圆熟和衰老。这个人在他眼里只有特点，没有缺点，不论是什么特点都应该被发现，被欣赏。 在这样的世界里，任何东西的存在都不再功利，而是他的本相本态演绎而成的百相百态。常言说一花一世界，一叶一菩提，Jose Andre 这个西班牙厨师得其真髓。他仿佛从一花一叶演绎千叶万花，一汁一味窥一世界。

Jose Andre 固然是厨艺天才，但我总觉得他是站在巨人的肩膀上，他的背后有传统悠久、博大精深的西班牙美食文化。所以，我一定要到西班牙去寻找他走过的踪迹，他高超厨艺的源头。

第十二章 朝圣之旅
——寻找 Jose Andre（II）
（西班牙）

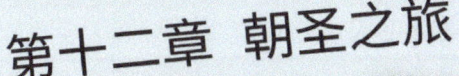

后来又吃了鹅肝，吃了烩鱼脖，吃了海蛸，吃了咸鳕鱼，等等。吃了一大通停下来，早已不知是在第几家了，也不知是夜深几许。周围都是人，有的眼里兴奋好奇，那是刚来的。有的迷醉中透着满足的累，那是已经在食海里游了很久的。但是不论谁，都没有停下来的意思。夜正长，味正香，在这里一切都做了美味的奴隶，包括时间。我后来一直怀疑那个夜晚是否真正存在过，它太完美了，更像一个美食之旅的海市蜃楼。

巴塞罗纳

巴塞罗纳是个迷人的城市，它就像是一只偎依着地中海的欢笑的贝壳。当我走在它碎石铺成的老街上时，感觉如一只蚂蚁走在了贝壳错综神秘的纹道里。这纹道嵌满了艺术巨匠和建筑大师留下的传世杰作。

这里曾是毕加索创作的地方，他在这里完成了他的蓝调时期，开始了他划时代的立体主义。他十四岁画的平生第一幅画就在市中心的毕加索博物馆里，里面还有几百幅蓝调时期的作品，和他立体主义成型期的巨作。这里也是米罗出生的地方，米罗的工作室和他各个时期的画作完美地保存在可以俯瞰整个巴塞罗纳的米罗纪念馆中。开车出城一小时，就到了达利的出生地，和达利本人一样奇幻的达利纪念馆里埋葬着这位现代主义先驱的遗骸。

当然，还有高迪，米罗的同学与密友，这位被称为"上帝的建筑师"的现代建筑天才将他毕生的创作留在了这个城市：Sagrada Familia（圣家堂），Casa Batllo（巴由特之家），Casa Mila（米拉之家），Park Guell（桂尔公园）。怎样形容他的建筑呢？我想"不可思议"是个恰当的词。它将恢宏、庄严、宁静、鲜活都推到了超出想象的极致。他的建筑根本就不像是建的，仿佛是他施了魔咒，一声号令让砖瓦石块从地里按他的蓝图长出来的。那些砖瓦石块也是活的，好像会呼吸，能生长，有着喜怒哀乐，当你走近它们的时候，它们总像是在向你倾诉着什么。高迪的巅峰之作当然是圣家堂，那是一座始于一百年前的大教堂，到现在还没建完，似乎是个永远不会建完的教堂。高迪是个花花公子，但

上：巴塞罗纳米罗博物馆

下：巴塞罗纳街景

开建教堂之后却变成了清教徒，耗尽家资资助圣家堂，他人生的最后一段就住在圣家堂，不知情的人一直以为他是一个无家可归的乞丐。这故事本身就不可思议，但当我站在圣家堂令人目眩的穹顶下时，我完全理解了这个故事，因为我立刻感受到它摄心攫魄的魔力，那魔力是如此的不可抗拒，以至于我不敢在那里过久地逗留。世上像圣家堂这样绝世的艺术品都有自己强劲的灵魂，它能吞没它的创造者，和所有和它相遇的人。

如果我只能在地球上选一个城市去访问，那一定是巴塞罗纳，这当然是因为它是艺术之都，建筑之都，因为达利、米罗、毕加索和高迪都是我最崇拜的艺术大师。

我来巴塞罗纳是来瞻仰达利、米罗和毕加索的，是来欣赏高迪的，也是来寻找 Jose Andre 的。巴塞罗纳不光是艺术之都，建筑之都，更是美食之都。这里集中了西班牙各种风格的美食，是我寻找 Jose Andre 的第一站。年轻的 Jose Andre 就是在这里开始了他的厨师生涯。

如果巴塞罗纳是一只欢笑的贝壳，它的欢笑是由丰盛的食物串起来的。天刚亮，临街的咖啡店就开了。咖啡的浓香弥散了整条的街。人们拿着不足盈握的小瓷杯在刚变白的朝阳下喝第一杯咖啡。配咖啡的点心根本不像点心，因为它太漂亮了。它们如烤制的艳丽缤纷的百花，在玻璃橱柜中姹紫嫣红的一片，让你买咖啡时都觉得走错了路，误进了花饰店。随后，商店开了，人流密起来了，城市热闹的一天开始了。一晃，十点了，吃点心的时间到了，人们纷纷钻出来觅食，一份胭脂色的火腿，一个酥香的牛角包，一份如花一样怒放着的香炸鱿鱼，一块敦厚的黄澄澄的土豆蛋饼，当然还有啤酒，咖啡，等等。再过两三个小时，一点钟到了，午饭正式开始。一家家的餐馆热闹起来，人声鼎沸，杯觥交错，大锅的海鲜饭在人流里游动，红虾绿贝威风凛凛地站在金灿灿的米饭里，当然还有烤鱼，烤肉，浓汤，鲜菜。午餐的喧嚣要到三点以后才渐渐淡去。再过两个小时就五点了，晚饭时间又到了。错了！五六点钟恰恰是巴塞罗纳饭店安静的时刻，因为在这里晚餐的时间是八点。但这时，Tapa（小食）登场了。Tapa是西班牙特有的，它是晚宴之前的小食。虽是小食，却一点儿不简单随便，它的质量和种类甚至超过了晚餐。面包、火腿、血肠、腌橄榄、腌鱼、腌海贝、鱼虾蟹贝、鸡鸭牛羊、各色果蔬，菜肴多达上百种。Jose Andre 就是将这种特色美食介绍到美国的第一人。夏天的街边，几个朋友围坐，喝着清凉的葡萄酒，面前几样 tapa，兴高彩烈地聊着，吃着，为一天的忙碌洗尘，为欢宴的夜晚热身，好不惬意。用美酒美食为下一场美酒美食热身，这是只有西班牙人享用的奢侈。Tapa 之后当然是八点钟的晚宴了，更多的菜，更多的酒，有些菜式和 tapa 相似，但更精致，分量更大。这之后，应该是夜里十一点了。该回家了。又错了！对许多人来说，夜宴才刚刚开始，晚餐又是夜饮的热身。巴塞罗纳是个不夜城，这时酒吧才真忙起来。人们涌来开始了夜饮，更多的酒，更多的 tapa。要到快天亮才结束，而新一天的早餐又快开始了。

　　这简直就是一个由欢宴计时的钟表，一天24小时都由各式的吃喝品尝规划，永不停歇。连睡觉时间好像都被挤没了，更别说工作了。按理应该人人睡眼惺忪，万事疏于管理。但正相反，这里男女老幼都精神抖擞，利落能干。你无论走到那里街道都干净漂亮，井井有条。这又是不可思议。

　　既然是寻找 Jose Andre 的足迹，那就去探访以 tapa 著称的地方吧。我决定访问一家 tapa 的百年老店，被称为巴塞罗纳的 tapa 第一家。大概去得过早，我是 tapa 时间段的第一个客人，店里很空，但感觉却很拥挤，墙上挂着老店不同时代的照片，密密匝匝如昆虫的标本，高脚椅一个连一个围着吧台，如密集的丛林，就连空气也比外面厚重得多，似乎鼎沸的人声和酒肴的残踪仍然弥漫于此。

菜单很长，至少几十种，有大小之分。小的叫 pixton，两欧元一份排在一个玻璃柜子里随便点，大的才叫 tapa，最贵的不过二十欧元。我大小各要了些，发现即使是 pixton，分量也很足，一两个就吃饱了，真是个实在的地方。Jose Andre 的 tapa 每盘都是美轮美奂的艺术品，以他为标准，这里的菜卖相很一般，没什么装饰，很家常的样子，味道的确不错，但也是家常的不错，远没有 Jose Andre 设计的菜那么精致复杂。不过，我的确看到了 Jose Andre 菜的原型。这也有一道面包火腿，普通的面包切片，上面先搭上新鲜的西红柿，然后将切开的生蒜涂在上面，再加上西班牙火腿。生番茄和蒜让本来腴重平实的火腿面包焕然一新，好手笔。还发现西班牙人是腌制的高手。店里有大量腌制的食物：橄榄，沙丁鱼，海贝，鳕鱼，辣椒，洋蓟，洋葱，蒜等。好像什么都可以放进瓶里腌，而且腌物的口味种类繁多，光橄榄就有十几种不同的口味。最简单的 pixton 就是这些腌物用小竹签串起来，一卷银色的沙丁，一个大红灯笼椒，一枚大橄榄，一方块黄色的奶酪，等等，各样的组合五光十色像美味的幸运符。难怪 Jose Andre 的饭店里有这样的串形小食。

饭店的对面是个小超市，像糕点店一样，里面的一切如水晶宫里的糖果，清爽如水，鲜艳如花。在一个玻璃冷柜前我发现了一排排大大小小的纸桶和玻璃罐，它们都是西班牙冷汤。我在 Jose Andre 的书里看到过这个汤，自己也按他的书做过一两次。没想到这里有这么多的种类，草莓，西瓜，甜菜等等，而且在这里是极寻常的东西，几欧元就可以买一大罐回家。冷汤是由西红柿、橄榄油、盐、青椒、黄瓜、洋葱和蒜打制冰镇而成，酸甜咸辛，分外惹味。原来以为只是 Jose Andre 又一道精心设计的菜，来到这里，我才知道它对巴塞罗

上：Mercado de La Boqueria 的胭脂火腿

中：Mercado de La Boqueria 的各色辣

下：Mercado de La Boqueria 的鱼虾海鲜盛会

纳的夏天是多么重要，因为这里太热了，地中海的阳光活力十足，可以和沙漠的阳光一比高低。在这样的阳光里游走几个小时，又渴又饿又干，回到旅馆简直是求救式的奔向小冰箱，先倒一大杯冷汤，几乎一饮而尽，那奶油般光滑厚重的清凉让五脏六腑里的暑气消失得无影无踪。这冷汤成了我在巴塞罗纳的必饮之物，回家之后每到热天也必备。我最喜欢的是西瓜草莓味的，果味的甜，番茄的酸，海盐的咸和上等的橄榄油再加上生的洋葱和大蒜达到无懈可击的跳跃的平衡。西瓜，草莓，洋葱，大蒜，这些毫不相搭的东西在西班牙人手里成了完美的组合，真是些味道的解人。

　　Mercado de La Boqueria 是巴塞罗纳美食的必访之地，Mercado 是西班牙语集市的意思，它坐落在市中心的 Lamba 大街，离毕加索博物馆不到一英里的距离。如果高迪将建筑推到了新的高度，Mercado de La Boqueria 则将集市推到了新高度，品类之繁盛，规模之宏大，色彩之斑斓，无出其右。仿佛整个世界天上飞的，水里游的，地上走的，土里长的都披金挂彩来这里汇合。一进门，迎面是一片丛林，由整只大火腿悬挂而成的肉林，气宇轩昂；下面是一片灿烂的胭脂红，那是成排的火腿片，还有大批在小纸筒里纷飞的火腿片，如一朵朵怒放的花，整个天地仿佛都是肉香脂香。一转身，又是一大片红：大红、紫红、粉红、橙红，这回是一杯杯埋在冰里的鲜榨的果汁，西瓜、莓子、桃、芭乐、橙子、凤梨，等等，夏天酸甜清凉的致命诱惑。正在愣神的时候，差点拌倒，扭头看，又一片热烈的颜色射入瞳孔：五颜六色各类糖果，奶黄玉白的各色奶酪小山，成排的三明治，成堆的腌橄榄，花一样娇艳的甜点，巧克力，还有成排的大锅里的海鲜饭，瞪着眼睛躺在冰里的大小十几种的鱼、鲜贝、海红、蓝蟹、方蟹、石蟹、红虾、青虾、龙虾、长虾，等等。当然还有各个摊位蒸腾着诱人的香味，卖着许多叫不上名字的吃食。天哪，这好像是一个走不完，走不出去的食物王国，太斑斓的色彩，太多的诱惑，太多的选择，让

San Sebastian

San Sebastian 著名的美食老巷子

琳琅满目的tapa小吃

人头晕目眩，不一会儿就累了。

我在这里尝了火腿、炸鱼，吃了红虾、长虾，品了奶酪、橄榄，吃了甜点巧克力、海鲜饭、拌鱿鱼，喝了数不清的果汁，还有其他记不清的美食。吃吃，看看，尝尝，再吃吃，再看看，再尝尝，一不小心好几个小时过去了，因为时间在这里完全消失在各种味道颜色里了。这里的食材都极新鲜，烹饪都很简单，橄榄油煎，烤，生拌。正像 Jose Andre 说的：新鲜的食材，超热的表面，高质的橄榄油。味道当然都不错，但还是太直截了当，而且有时过咸，有时过淡，远没有 Jose Andre 的菜味道精准。但我深刻地体会到了西班牙物产的丰饶，它的确是产生了 Jose Andre 的肥沃 土壤。

San Sebastián

San Sebastián 是坐落在西班牙北部的一个海边小城，它是我寻找 Jose Andre 的第二站。别看它小，它可是个享誉世界的地方。首先它是和法国的戛纳齐名的度假圣地，一年一度的 San Sebastián 国际电影节就在这里举行。它还是世界闻名的美食圣地，地处法国和西班牙交界的 Basque 地区，Basque cooking 融合了法国和西班牙的烹饪方法的优点，独成一派，备受推崇，在烹饪世界里久享盛誉。它产生了曾是世界最好的饭店的 Arzak，也孕育了颠覆饮食世界的分子料理。Jose Andre 和许许多多享誉世界的厨艺大师都曾在这里学艺。

如果巴塞罗纳是一只贝壳，San Sebastián 就像一颗明珠，确切地说，应该是明珠做成的珠冠，因为它太精致了。这固然是因为它风景优美：悠长妩媚的海岸线，纯白似雪的海滩，青葱胰翠的山崖，碧波荡漾的大海，什么能与这样的组合媲美呢？奇怪的是，让我惊艳的不是这如画的美景，而是另一种精致，那种多年精雕细刻的奢华的精致。城市不大，但干净整洁，保养极佳。海滨大道都是饭店酒店，面朝大海，美轮美奂，很有些年头了，但一点儿也不陈旧，常年精心的护养让它们看不出年龄，甚至看不出年代，精美得像一幅幅古韵悠长的织锦。可以想象它们的访客都曾是非富即贵的人。记得到达 San Sebastián 时正值夕阳西下，海上落日的余光透着华美的路灯折射在这一幅幅的织锦上，艳美得眩目迷魂，让我觉得这并不是一个真正存在的地方，而是一个海市蜃楼。

沿着海滨大道慢慢向前走着，突然，华光丽彩消失了，眼前是一片黢黑的巷子，巷子窄窄的，碎石铺街，石墙嶙峋，黄澄澄的光晕从狭小的窗里透出，深处隐约传来高高低低的人声。这可能是个远古的村落，文明的遗址。当然，在沁墨映蓝的夜色下，它更像一个幽明的梦，一个暗夜的谜。

往深处走，人声渐渐高起来，巷子也越来越亮，最后华灯高挑，人声鼎沸，一家接一家，清一色的酒吧饭店，鳞次栉比，敞门开轩，原来这是 San Sebastián 的老城区，中世纪时的 San Sebastián，现在的美食街。

每一家都在卖 tapa，一条 tapa 的街，一座 tapa 的城。这些 tapa 比在巴塞罗纳见到的漂亮得多，颜色亮丽，形态活泼，个个像艺术品，很有 Jose Andre 的风格。游客也多半不坐，走进一家，挑几样尝尝，再走进另一家，再挑几样尝尝，人好像变成了鱼在 tapa 之海里游弋。只要夜够长，兴致够高，tapa 之游能永不停息。

我随着人流走进一家，店主是两个年轻的小伙子，英语说得很流利，里面满满的人，人的手里满满的 tapa，架子上一个个 tapa 好诱人。寸许大小的白瓷盅里是雪白的丝线一样的鱼，夹缠着黑丝，泡在淡绿的油里，一尝，味道鲜美至极。原来是本地产的一种极小的海鳗，简单烫熟，只加些橄榄油和盐。盐加得恰到好处，增味但一点也没有遮盖海鳗原本的鲜味，些许柠檬汁几乎尝不出酸味，但让味道新鲜活泼。橄榄油香醇绵润，是我吃到的最高质的油。这道菜看起来简单，但一切用得恰如其分却不容易，它不论从外观到味道远远超过巴塞罗纳的 tapa。这才是 Jose Andre 的水平。

大章鱼也极美味，几磅重的大章鱼文火煮透，切块加橄榄油凉拌，和煮熟的土豆一起吃。章鱼火候极佳，绵软但有弹性，特有的鲜咸和土豆的甜糯相配，真是天作之合。一个个像小红灯笼的辣椒，里面塞着包了酱汁的蟹肉，还是好吃！辣椒甜，蟹肉鲜，不知名的酱汁将它们完美地融合一体，这里的厨师太出色了。

后来又吃了鹅肝，吃了烩鱼脖，吃了海蛸，吃了咸鳕鱼，等等。吃了一大通停下来，早已不知是在第几家了，也不知是夜深几许。周围都是人，有的眼里兴奋好奇，那是刚来的。有的迷醉中透着满足的累，那是已经在食海里游了很久的。但是不论是谁，都没有停下来的意思。夜正长，味正香，在这里一切都做了美味的奴隶，包括时间。我后来一直怀疑那个夜晚是否真正存在过，它太完美了，更像一个美食之旅的海市蜃楼。

Austurias - Oviedo

比起西班牙的其他地区，Austurias 算不上一个旅游热点，但它却是我寻找 Jose Andre 的最后一站，因为这里是 Jose Andre 的故乡。

它的首府是一座内陆的平实小城，它既不是贝壳，也不是珍珠，更不是珠冠，可它还是一个很美丽的城市，城里有数座八九世纪时期的大教堂，如接天连地的不朽的时钟。教堂的不远处就是一个设计精美，碧草如茵的街心大公园，很像缩小了的纽约的"中央公园"，公园的对面是各种商店和饭店。

到达 Oviedo 时正值晚上六点，饭店里只有 tapa，和巴塞罗纳见到的大同小异。在 San Sebastián 的 tapa 盛宴之后，兴趣缺缺，试探了几家店，结果门都没能进去，我一张口，店里没人会说英语，直接说不能接待。饭店都是把客人往里拉，哪有往外赶的？这些店主太不会变通了，实心眼儿。我最后走进一家装饰现代的小酒店，店主年过半百，五大三粗，还是不会说英语，幸好店主的儿子回来了，他会英语，才救了驾。

Austurias 盛产奶酪、肉类和苹果酒，我点的苹果酒，被装在一个玻璃瓶子里带上来，顺带有一个相配的杯子。我正拿起瓶子要倒酒，小伙子一个箭步冲了过来，救火一样地说："苹果酒可不能这样倒，你自己别倒了，让我来。"说完他高高地举起瓶子，从离杯子一米高的地方开始往下倒，酒在杯里激起高高的泡沫。他说这里的苹果酒必需经过高空倒下时的氧化作用味道才好。真是个认真的人，把自己的土产看得这么神圣！苹果酒的确不错，比其他地方的酸，但满满的苹果香。

饭店里这个时候的菜单很简单，除了简单的几样 tapa，并没有太多的选择。他看出我有些饿了，就说我让厨房给你做一份鸡饭吧，这个菜单上没有，我连连道谢。只见他和父亲说了几句，店主就抄起了一把板斧，走到后厨，只听啪啪一阵山响，过了有一个多小时，一大盘鸡烩米饭端了上来。它特别难看，米饭浸在褐色酱汁里，上面是垛成大块的鸡，软软地趴在那儿，形状不规整，制作粗糙。我一向看重美食的外观，好吃的东西一定要好看才行，没办法，都让人做好了，也只好吃了。尝了一块鸡，天哪！太好吃了，我从来没吃过这么鲜这么香的鸡，一吃起来，就停不下来，不大工夫，连鸡带肉全吃光了。我问他为什么鸡这么好吃，他说因为鸡的种类好，每家都养，现杀现做，他们从来都这么吃，倒也没觉得有什么特别的。这盘鸡只花了十欧元，真实在。

　　酒足饭饱，从里到外的舒适，懒懒的，一点儿也不想动，靠在椅子上，散散漫漫地看起了街景。店主并不来催促，和进来的一个熟人聊得兴高采烈，早忘了我的存在。这时我不由又想起了 Jose Andre。许多名厨的菜谱强调食材的来源，却不在乎来源的不菲之费，而他在书里经常告诉读者怎样用替代食材，避免不必要的花费。许多次天灾发生时，Jose Andre 便来了，为灾民做饭，免费提供食物，也因此，他获得过2018年诺贝尔和平奖的提名。我常惊叹他名满天下却诚朴实在，现在我知道了这个品德的根，苹果从来不会离果树太远，这些人身上能看到他的影子，不论走多高多远，儿时所获的家乡的诚朴依然在。我不仅看到了他厨艺之根，更看到了他品德之源，也许正是这种实在让他不投机取巧，一步步从一个偏远小镇的普通少年成为一个世界名厨；也许还是这种实在，让他的菜优雅精致中总是有放纵的烟火味，这也正是西班牙美食的魅力所在吧。

感谢阅读！

更多好书，请访问壹嘉出版官网 http://1plusbooks.com

壹嘉出版　海外优质中英文独立出版机构

www.ingramcontent.com/pod-product-compliance
Lightning Source LLC
Chambersburg PA
CBHW040202100526
44592CB00001B/4